人人都该买保险

第·三·版

刘彦斌／著

中信出版集团 | 北京

图书在版编目（CIP）数据

人人都该买保险 / 刘彦斌 著 . -- 3 版 . -- 北京：
中信出版社，2019.11
ISBN 978-7-5217-1058-8

Ⅰ. ① 人… Ⅱ . ①刘… Ⅲ . ①保险－基本知识－中国
Ⅳ . ①F842

中国版本图书馆 CIP 数据核字（2019）第 202432 号

人人都该买保险

著　　者：刘彦斌
出版发行：中信出版集团股份有限公司
（北京市朝阳区惠新东街甲 4 号富盛大厦 2 座　邮编　100029）
承 印 者：北京楠萍印刷有限公司

开　　本：880mm × 1230mm　1/32　　印　　张：7.25　　字　　数：156 千字
版　　次：2019 年 11 月第 3 版　　印　　次：2019 年 11 月第 1 次印刷
广告经营许可证：京朝工商广字第 8087 号
书　　号：ISBN 978-7-5217-1058-8
定　　价：56.00 元

目录 contents

第二章 保险是家庭理财的必需品

第三章 保障型保险

前言

我的投资理财书《人人都该买保险》自上市以来，得到了读者的广泛认可，销售情况很好。但是，随着我对保险研究的深入，我觉得《人人都该买保险》还有很多不完善的地方，有改进的空间，因此我决定写第三版。这本书在实际操作方面会比前一本讲解更详细，对投保人的指导作用更强，因此更有实用价值。

这本书分为六章和一个附则。

第一章：保险基本知识。本章对保险知识做了简单扼要的介绍，从防范风险、强制储蓄、避税避债、长期投资、资产保全、财产传承等方面讲述了保险在家庭理财中的重要作用，让读者对保险的重要性有一个清楚的认识。本章还对保险合同的要点进行了阐述，让读者在购买保险产品时，面对复杂难懂的保险合同做到心中有底。

第二章：保险是家庭理财的必需品。本章以本人独创的理财“水库”理论为基础，提出了理财的八字方针：管钱、攒钱、生钱和护钱。其中，管钱是理财的核心，攒钱是理财的起点，生钱是理财的重点，护钱是理财的保障。本章首先回答了什么是理财、为什么理财和如何理财的问题。在此基础上，本章简单阐述了各类保险产品在家庭理财中的不同作用。最后，阐述了人生不同阶段购买保险的重点。通过阅读本章，读者会深刻认识到：保险是家庭理财的必需品。

第三章：保障型保险。保障型保险是家庭财富的保护伞，为家庭财产提供风险保障，是最重要的一类保险产品。本章全面介绍了各种保障型保险产品，包括意外伤害保险、家庭财产保险、汽车保险、房屋贷款保险、重大疾病保险、商业医疗保险、定期寿险等。

第四章：储蓄型保险。储蓄型保险产品具有强制储蓄、生存保障、财产传承、资产保全和长期投资的功能，它们是市场上销售额最高的保险产品，也是保险公司的主力产品。本章全面介绍了年金保险、终身寿险、生死两全保险（包括分红型和万能型）和理财型保险，并对典型的保险产品条款进行了介绍。

第五章：投资型保险。投资型保险产品主要是指投资连结保险。投资型保险属于高风险高收益的投资产品，适合高收入且风险承受能力强的人群购买。

第六章：明明白白买保险。本章主要立足于保险实务，对投保人的实际操作进行指导。本章先后阐述了购买保险的误区、明确购买保险的目的、购买保险的基本原则和购买保险的过程中可能遇到的问题和对策，相信对读者的实际操作会有非常大的帮助，能够帮助你明明白白买保险。

附则：《中华人民共和国保险法》。你如果遇到不懂的问题，最好看看《保险法》，因为保险公司的经营必须符合《保险法》的规定。

我要将这本书献给我亲爱的妻子：感谢你这么多年的陪伴、理解、支持和照顾，在我心里，你就是我最好的保险。我还要将这本书献给中国所有的保险从业人员：你们辛勤的工作让更多的家庭生活得更安心、更幸福，在此我对你们表示由衷的敬意。

保险是生活中的必需品，是家庭理财不可或缺的组成部分，人人都应该买保险。希望大家都能明明白白买保险，让自己的生活更加安心、更加幸福。衷心祝福大家生活美满！

刘彦斌

2019 年 7 月于北京

第一章

保险基本知识

本章对保险的基本知识进行阐述，让读者对保险的作用和保险产品有一个轮廓性的认识，这些知识都是投保人必须知道的。

看了这本书的书名，你可能觉得我的说法太绝对了。但是相信你看完这一章，你就会觉得我说得有点道理；等你看完第二章，你就会认为我说的是完全正确的。我在这一章，将对保险的基本知识进行阐述，让你对保险的作用和保险产品有一个轮廓性的认识，这些知识都是你必须知道的。

一、保险的概念和性质

1. 保险的概念

保险是指投保人根据合同约定，向保险人支付保险费，保险人对于合同约定的可能发生的事故因其发生所造成的财产损失承担赔偿保险金责任，或者当被保险人死亡、伤残、疾病或者达到合同约定的年龄、期限等条件时承担给付保险金责任的商业保险行为。（《保险法》中关于保险的定义。）

2. 保险的性质

（1）保险是一种经济行为。保险属于金融服务业，它提供的产品是无形的服务，保险人以营利为目的。

（2）保险是一种金融行为。保险人通过收取保险费聚集大量的社会资金，再对这些资金进行运作，实际上是在社会范围内起到了资金融通的作用。

（3）保险是一种合同行为。保险是保险人和投保人之间的合同行为。保险合同明确规定了保险当事人双方的权利和义务。

（4）保险是一种国民收入再分配机制。保险的运行机制是投保人共同缴纳保险费，组成保险基金，当某一个被保险人遭受损失时，他可以从保险基金中得到补偿。因此，从被保险人的角度看，保险在被保险人之间建立了收入再分配的机制。

（5）保险是一种危险损失转移机制。保险转移危险是指投保人在支付一定的保险费后，换取未来经济上的稳定。也就是说投保人用确定的支出（保险费）转移了未来不确定的危险损失。比如，投保人在缴纳房屋保险费后，即便房屋发生火灾，被保险人在经济上也会得到一定的补偿。

二、保险的分类

按照保险的标的分类，保险可以分为人身保险、财产保险、责任保险、信用保险和保证保险。

1. 人身保险

人身保险是以人的身体和寿命为保险标的的保险。人身保险又可以分为人寿保险、健康保险和意外伤害保险。

2. 财产保险

财产保险是以财产及其相关利益为保险标的，是保险人对保险事故发生导致的财产损失给予被保险人一定补偿的保险。财产保险有广义和狭义之分。广义的财产保险是指人身保险之外的所有保险业务；而狭义的财产保险是指财产损失保险。这里说的财产保险是指狭义的财产保险。我们在日常生活中接触到的财产保险主要包括汽车保险、房屋保险、家庭财产保险等。

3. 责任保险

责任保险是以被保险人对第三者依法应负的赔偿责任为保险标的的保险。责任保险属于广义的财产保险范畴。

4. 信用保险

信用保险的保险标的是合同的权利人和义务人约定的经济信用，信用保险是一种担保性质的保险，它属于广义的财产保险范畴。

5. 保证保险

保证保险是指在约定的保险事故发生时，被保险人需要在约定的条件和程序成就时才能获得保险人赔偿的一种保险。保证保险属于广义的财产保险范畴。

三、保险的作用

保险在家庭理财中占据十分重要的地位，它可以起到如下作用。

1.转嫁家庭财务风险

在现实生活中，你会面临各种风险的威胁，比如：

车祸：如果你把别人的车撞了，你需要支付赔款；如果你撞了人，还要支付高额的医疗费用。

火灾：一把大火把你家的家具、电器、装修烧个精光。

疾病：你如果不幸得了癌症，就要面临高额的医疗费用，这些费用远远超出社保报销的范围。

伤残：如果你因为意外事故而终身残疾，从此你不能为家庭做经济贡献了，而你的配偶还要偿还高额的房贷。

死亡：如果你因为意外伤害或因病死亡，你的父母从此无人赡养，你的配偶和孩子从此在经济上会陷入困境。

我上面列举的风险只是你所面临的经济风险的一部分，远远不是全部。可以肯定的是，这些风险是每个人都可能遇到的，这些风险事故一旦发生，就会对家庭造成不同程度的财务影响，甚至是灾难性的影响。当家庭遭遇某种风险事故时，需要外来的经济补偿，帮助家庭渡过财务难关，而最好的经济补偿来源就是保险赔偿金。如果你事先购买了足够的保险，这时候你就会获得保险公司的保险赔偿，你获得的保险赔偿金就能帮你渡过财务危机，保证你家庭生活的稳定。因此，我们说购买保险是转嫁家庭财务风险的最好方式。

要注意，根据我国《个人所得税法》的规定，保险赔款是免征个人所得税的。

2. 具有强制储蓄的作用

从人的一生来看，收支往往是不平衡的。尤其是人到老年，没有了工作收入，主要靠年轻时积累的养老金生活，而人寿保险是一种很好的储备养老金的方式。虽然通过个人储蓄也能储备养老金，但个人储蓄带有很大的随意性和目标的不确定性，人们往往缺乏足够的毅力来完成自己的储蓄计划，而且由于储蓄的退出成本低（随时可以支取，并且可以保本），储蓄资金容易被挪用。而人寿保险的“强制性”则弥补了这方面的缺陷。人寿保险的“强制性”主要体现在退出成本高（投保后退保成本极其高昂），高昂的退出成本使得你“不得不”继续缴纳保险费。其结果是：你持续缴纳保险费，为自己的晚年生活积累了一笔丰厚的养老金。

要注意，目前保险单的分红收益和投资收益也是免征个人所得税的。

3. 规避遗产税

我国目前尚未开始征收遗产税，但是随着社会财富的增长，贫富差距的加大，未来开征遗产税的可能性非常大，是大概率事件。我国的遗产税到底如何征收，我们现在不得而知。但是我们根据现行的法律规定，可以看出保险金具有规避遗产税的作用。

根据我国《保险法》第四十二条的规定：被保险人死亡后，有下列情形之一的，保险金作为被保险人的遗产，由保险人依照《中华人民共和国继承法》的规定履行给付保险金的义务：

（1）没有指定受益人，或者受益人指定不明无法确定的；

（2）受益人先于被保险人死亡，没有其他受益人的；

（3）受益人依法丧失受益权或者放弃受益权，没有其他受益人的。

受益人与被保险人在同一事件中死亡，且不能确定死亡先后顺序的，推定受益人死亡在先。

从这条法律规定可以看出，在被保险人死亡后，其人身保险合同指定的受益人依然生存且没有依法丧失受益权，则受益人获得的保险金不作为被保险人的遗产。既然保险金不作为被保险人的遗产，就谈不上征收遗产税的问题了。但是，如果保险金作为被保险人的遗产，是否征收遗产税就要看未来的法律规定了。

要注意，订立人身保险合同时，一定要指定受益人（可以变更），不要写“法定”。

4. 合理规避债务

保险具有一定的规避债务的功能，我们从以下法律规定可以看出。

我国《继承法》第三十三条规定：继承遗产应当清偿被继承人依法应当缴纳的税款和债务，缴纳税款和清偿债务以他的遗产实际价值为限。超过遗产实际价值部分，继承人自愿偿还的不在此限。继承人放弃继承的，对被继承人依法应当缴纳的税款和债务可以不负偿还责任。

要注意，根据我国《保险法》的规定，在被保险人（被继承人）死亡后，其人身保险合同指定的受益人（继承人）依然生存且没有依法丧失受益权，则受益人（继承人）获得的保险金不作为被保险人（被继承人）的遗产。既然保险金不作为被继承人的遗产，就谈不到偿还债务的问题了。由此我们可以看到，保险具有规避遗产债务的作用。

5. 提供新的投资渠道

理财型保险和投资连结保险为人们提供了新的投资渠道。

6. 实现财产的传承

你可以通过指定受益人的人寿保险单将你的部分财产顺利实现传承，实现你生前的财产分配意愿，减少身故后财产继承人之间的财产纠纷。

7. 保全资产

理财型保险具有很好的保全资产的作用，可以避免乱投资造成的资产损失。

四、保险合同的当事人和关系人

保险合同的主体包括保险合同的当事人和关系人。

1. 保险合同的当事人

（1）投保人。投保人是指与保险人订立保险合同，并且按照保险合同的要求负有支付保险费义务的人。要注意，投保人也拥有退保的权利。

（2）保险人。保险人是与投保人订立保险合同，收取保险费并承担赔偿或者给付保险金责任的保险公司。

2. 保险合同的关系人

（1）被保险人。被保险人是指其财产或人身受保险合同的保障，享有保险金请求权的人。

（2）受益人。受益人是指人身保险合同中由被保险人或者投保人指定的享有保险金请求权的人，投保人和被保险人可以成为受益人。

五、保险合同的特点

1．保险合同是要式合同

要式合同是指采用特定形式订立的合同。《保险法》规定，保险合同应当以书面形式订立。

2．保险合同是附和合同（对于个人和家庭）

附和合同是指合同条款事先由当事人一方拟订，另一方只有接受或不接受的选择，但不能对合同条款进行修改或变更。保险合同已由保险人事先拟定，当事人双方的权利义务已经规定在合同条款中，投保人只能做出同意或不同意的意思表示。

3．保险合同是最大诚信合同

最大诚信原则是保险的基本原则，每个保险合同的订立和履行都应当遵守最大诚信原则。

4.保险合同是复杂难懂的合同

保险合同非常专业化，其中有很多专业术语，对于普通的投保人来讲，条款晦涩难懂。

六、保险合同的组成部分

保险合同由以下5部分组成。

投保单。投保单是投保人向保险人申请订立保险合同的书面要约。投保单是保险合同的组成部分。

暂保单。暂保单是保险人出具正式保险单之前，向投保人出具的临时性保险证明。

保险单。保险单是保险人和投保人之间订立保险合同的正式书面文件。

保险凭证。保险凭证是指保险人向投保人签发的证明保险合同已经生效的书面凭证。它具有与保险单相同的效力，但是在条款的列举上较为简单，保险凭证也被称为小保单。

批单。批单是保险合同双方就保险单内容进行修改和变更的书面证明文件。批单一经签发，就自动成为保险合同的组成部分。

七、保险合同的订立

1. 保险利益

投保人提出保险要求后，经保险公司同意承保，保险合同成立。人身保险合同的投保人在订立保险合同时，对被保险人应当具有保险利益；财产保险合同的被保险人在保险事故发生时，对保险标的应当具有保险利益。所谓保险利益，是指投保人或者被保险人对保险标的具有的法律上承认的利益。

2. 合同条款的解释

投保人同保险公司订立保险合同，如果采用保险公司提供的格式条款，保险公司向投保人提供的投保单应当附上格式条款，保险公司应当向投保人说明合同的内容。

保险合同采用保险公司提供的格式条款订立的，当保险公司与投保人、被保险人或者受益人对合同条款有争议时，应当按照通常的理解予以解释。如果对合同条款有两种以上解释的，人民法院或者仲裁机构会做出有利于被保险人和受益人的解释。

3. 合同的解除

保险合同订立后，投保人可以解除合同，保险公司不得解除合同。但是，如果投保人故意或者因为重大过失未向保险公司履行如实告知义务，且足以影响保险公司决定是否同意承保或者提高保险费率的，保险公司有权解除合同。保险公司自知道有解除合同事由之日起，超过 30 日未解除合同的，解除权灭失。自保险合同成立之日起超过 2 年的，保险公司不得解除合同。保险公司在订立合同时已经知道投保人未如实告知的，保险公司不得解除合同。

投保人故意不履行如实告知义务的，保险公司对于保险合同解除前发生的保险事故，不承担赔偿或给付保险金的责任，且不退还保险费。投保人因重大过失未履行如实告知义务，且对保险事故的发生有严重影响的，保险公司对于保险合同解除前发生的保险事故，不承担赔偿或给付保险金的责任，但是应当退还保险费。

注意，你在投保时，必须对保险公司坦白，如实告知，否则在保险事故发生后，保险公司不予理赔。

4. 保险合同的生效

保险合同成立后，投保人按照合同约定缴纳保险费，保险公司按照约定的时间开始承担保险责任，保险合同生效。

5. 合同的变更

投保人和保险公司可以协商变更合同的内容。变更保险合同的，应当由保险公司在保险单或者其他保险凭证上批注或者附贴批单，或者由投保人和保险人签订变更合同的书面协议。

注意，你一定要留好批单。

八、保险金的给付

1. 保险金额

保险金额是指保险公司承担赔偿或者给付保险金责任的最高限额。保险金额由投保人和保险公司在订立保险合同时确定。

2. 保险事故的通知

保险事故是指保险合同约定的保险责任范围内的事故。

投保人、被保险人或者受益人知道保险事故发生后，应当及时通知保险公司。投保人、被保险人或者受益人故意或者因为重大过失未及时通知保险公司，从而导致保险公司对保险事故的性质、原因、损失程度等难以确定，保险公司对无法确定的部分，不承担赔偿或者给付保险金的责任。但是，保险公司通过其他途径已经及时知道或者应当知道保险事故发生的除外。

注意，保险事故发生后，你要在第一时间通知保险公司，不能耽搁。

3. 保险事故的证明材料

保险事故发生后，投保人、被保险人或者受益人按照保险合同请求保险公司赔偿或者给付保险金时，应当提供其所能提供的与确认保险事故的性质、原因、损失程度等有关的证明和资料。证明材料提供不完整的，保险公司应当一次性通知投保人、被保险人或者受益人补充提供。

注意，你要在保险事故发生后，把所有的单据保管好。

4. 保险金的给付

保险公司给付保险金的最高限额是投保人与保险公司签订保险合同时约定的保险金额。

保险公司收到被保险人或者受益人的赔偿或者给付保险金的请求后，应当在 30 日内做出核定，但保险合同另有约定的除外。保险公司应当将核定结果通知被保险人或者受益人，对属于保险责任的，保险公司在与被保险人或者受益人达成赔偿或者给付保险金的协议后 10 日内，履行赔偿或者给付保险金的义务。保险合同对赔偿或者给付保险金的期限另有约定的，保险公司按照保险合同的约定赔偿或者给付保险金。保险公司未及时履行上述义务的，除支付保险金外，还应当赔偿被保险人或者受益人的损失。

5. 诉讼时效

人寿保险的被保险人或者受益人向保险公司请求给付保险金的诉讼时效期间为 5 年，自其知道或者应当知道保险事故发生之日起计算。

人寿保险以外的其他保险的被保险人或者受益人，向保险公司请求赔偿或者给付保险金的诉讼时效期间为 2 年，自其知道或者应当知道保险事故发生之日起计算。

6. 骗取保险金的后果

未发生保险事故，而被保险人或者受益人谎称发生了保险事故，向保险公司提出赔偿或者给付保险金的请求的，保险公司有权解除合同，且不退还保险费。

投保人、被保险人故意制造保险事故的，保险公司有权解除合同，不承担给付保险金的责任，不退还保险费。但是，在人身保险合同中，投保人故意造成被保险人死亡、伤残或者疾病的，且投保人已经交足 2 年以上保险费的，保险公司应当按照保险合同约定向其他权利人退还保险单的现金价值；受益人故意造成被保险人死亡、伤残、疾病的，或者故意杀害被保险人未遂的，该受益人丧失受益权。

保险事故发生后，投保人、被保险人或者受益人伪造、变造有关的证明材料或者其他证据，编造虚假的保险事故原因或者夸大事故损失程度的，保险公司对其虚报的部分不承担赔偿或者给付保险金的责任。

投保人、被保险人或者受益人因上述行为之一，致使保险公司支付保险金或者支出费用的，应当退回或者赔偿。

注意，你别想从保险公司骗钱，马上断了这个念头。

九、人身保险合同

1. 人身保险合同的有效性

订立保险合同时，投保人必须对被保险人具有保险利益，投保人对被保险人不具有保险利益的，保险合同无效。

投保人对于以下人员具有保险利益：

（1）本人；

（2）配偶、子女、父母；

（3）前项以外与投保人有抚养、赡养或者扶养关系的家庭其他成员、近亲属；

（4）与投保人有劳动关系的劳动者；

（5）除上述人员外，被保险人同意投保人为其订立合同的，视为投保人对被保险人具有保险利益。

2. 年龄申报

投保人申报的被保险人年龄不真实，并且其真实年龄不符合保险合同约定的年龄限制的，保险公司可以解除保险合同，并按照保险合同的约定退还保险单的现金价值。

投保人申报的被保险人的年龄不真实，致使投保人支付的保险费少于应付保险费的，保险公司有权更正并要求投保人补交保险费，或者在给付保险金时按照实际支付保险费与应付保险费的比例支付。

投保人申报的被保险人年龄不真实，致使投保人支付的保险费多于应付保险费的，保险公司应当将多收的保险费退还投保人。

3. 以死亡为给付保险金条件的人身保险

投保人不得为无民事行为能力人投保以死亡为给付保险金条件的人身保险，保险公司也不得承保。但是父母可以为未成年子女投保以死亡为给付保险金条件的人身保险。目前，根据国务院保险监督管理机构的规定：父母为未成年子女投保以死亡为给付保险金条件的人身保险，被保险人死亡给付的保险金总和最高为10万元。

投保人为被保险人投保以死亡为给付保险金条件的保险合同，未经被保险人同意并认可保险金额的，保险合同无效。父母为未成年子女投保的以死亡为给付保险金条件的人身保险不受上述限制。

4. 保险费的缴纳

投保人可以按照保险合同的约定向保险公司一次支付全部保险费或者分期支付保险费。投保人不按照保险合同的约定向保险公司缴纳保险费的，保险公司有权解除保险合同。保险公司依照保险合同的约定解除保险合同的，保险公司应当按照保险合同的约定退还保险单的现金价值。

保险公司对人寿保险的保险费，不得用诉讼的方式要求投保人支付。

5. 受益人的指定和变更

人身保险的受益人由投保人或被保险人指定。投保人指定受益人时必须经被保险人同意。被保险人为无民事行为能力人或限制民事行为能力人的，可以由其监护人指定受益人。

投保人或者被保险人可以指定一人或数人为受益人。受益人为数人的，投保人或被保险人可以确定受益顺序和受益份额；没有确定受益份额的，受益人按照相等份额享有受益权。

投保人（须经被保险人同意）或被保险人可以变更受益人，但是要书面通知保险公司。保险公司收到变更受益人的通知后，应当在保险单或者其他保险凭证上批注或者附贴批单。

6. 保险合同的解除

投保人拥有解除保险合同（退保）的权利。投保人解除保险合同的，保险公司应当自收到解除保险合同书面通知之日起 30 日内，按照保险合同的约定退还保险单的现金价值。

十、财产保险合同

1. 被保险人索赔的前提条件

保险事故发生时，被保险人对保险标的本不具有保险利益的，被保险人不得向保险公司请求赔偿保险金。

2. 保险金额和保险价值

投保人和保险公司在签订保险合同时，对保险标的的保险价值做出了约定并在保险合同中载明的，保险标的发生损失时，保险公司以保险合同约定的保险价值为赔偿计算标准。投保人和保险公司未约定保险标的保险价值的，保险标的发生损失时，保险公司以保险事故发生时保险标的的实际价值为赔偿计算标准。

保险金额不得超过保险价值，超过保险价值的，超过部分无效，保险公司应当退还相应的保险费。保险金额低于保险价值的，除非保险合同另有约定，保险公司按照保险金额与保险价值的比例承担赔偿保险金的责任。

3. 重复保险

重复保险是指投保人对同一保险标的、同一保险利益、同一保险事故分别与两家以上的保险公司订立保险合同，且保险金额总和超过保险价值的保险。

重复保险的投保人应当将重复保险的有关情况通知各保险公司。重复保险的各保险公司赔偿保险金的总和不得超过保险价值，各保险公司按照其保险金额与总保险金额总和的比例承担赔偿保险金的责任。重复保险的投保人可以就保险金额超过保险价值的部分，请求各保险公司按比例退还保险费。

注意，你一辆车就投保一份车险，即使买了两份车险，出险后你也不能多拿钱，别自作聪明。

4. 责任保险

责任保险是指以被保险人对第三者依法应负的赔偿责任为保险标的的保险。

保险公司对责任保险的被保险人给第三者造成的损害，可以依照法律的规定或者合同的约定，直接向该第三者赔偿保险金。责任保险的被保险人给第三者造成损害，被保险人对第三者应负的赔偿责任确定的，根据被保险人的请求，保险公司应当直接向该第三者赔偿保险金。被保险人怠于请求的，第三者有权就其应该获得赔偿的部分直接向保险公司请求赔偿保险金。责任保险的被保险人给第三者造成损害，被保险人未向第三者赔偿的，保险公司不得向被保险人赔偿保险金。

十一、保险单的现金价值

保险单的现金价值是一个非常重要的概念，你会看到它出现在很多保险合同中，因此，我认为非常有必要在此对它的含义做出解释，从而加深你的印象和理解。

保险单的现金价值是指带有储蓄性质的人身保险单所具有的价值。由于人身保险单的缴费期限很长，保险公司在实际操作中往往采用均衡保险费的方法，将投保人在合同期限内需要缴纳的全部保险费在整个缴费期限内均摊，使投保人每期缴纳的保险费均相同。

当被保险人年轻时，其死亡概率低，投保人缴纳的保险费比实际需要的多，多缴纳的保险费由保险人逐年积累；当被保险人年老时，其死亡概率高，投保人缴纳的保险费比实际需要的少，不足的部分将由被保险人年轻时多缴纳的保险费来弥补。投保人在被保险人年轻时多缴纳的保险费连同其产生的利息，每年累积起来，就是保险单的现金价值。

保险单的现金价值具有以下三种功能：

（1）退保。退保金按照保险单的现金价值领取。

（2）保单贷款。一般具有贷款功能的保险单，贷款的额度是以保险单的现金价值为基础的。

（3）分红。在分红保险合同中，投保人享有的分红是以保险单的现金价值为基础的。

下面是保险单现金价值的简化计算公式：

保险单的现金价值 = 投保人已缴纳的保险费 – 保险人的管理费用分摊 – 保险人向销售人员支付的佣金 – 保险人因承担保险责任所需要的纯风险保险费 + 剩余保险费产生的利息

在本章中，我们对保险的基础知识做了简单介绍，阐述了保险在家庭理财中的作用，目的是让你认识到保险在家庭理财中的重要性。我们在本章中重点讲述了保险合同的有关知识，目的是让你了解保险合同的重点内容，从而使你在面对复杂难懂的保险合同时做到心中有数。在下一章，我们会讲述保险与理财的关系，明确告诉你各种保险产品在家庭资产配置中所处的位置，让你在未来购买保险产品时能做到“对号入座”。

第二章

保险是家庭理财的必需品

本章首先对家庭理财进行全面的阐述，进而对家庭理财涉及的各种保险产品进行合理的分类，明确各类保险产品在家庭资产配置中的位置；最后阐述一下人生不同阶段选择保险产品的侧重点。

随着人们理财意识的提高，人们对理财的需求也日益多样化和个性化。如何配置好家庭的资产，让家庭的财务状况更加健康，从而保证家庭生活更加平稳，就成为每个家庭都关心的问题。家庭理财其实就是在合理消费的基础上，科学地分配家庭存储下来的财产，综合运用储蓄、债券、基金、股票、保险、房地产、黄金、外汇等理财工具，实现家庭资产的安全、保值和增值。保险产品作为家庭资产配置的重要组成部分，在保证家庭财产安全、强制储蓄、资产保全、避税避债、合理安排财产传承方面起到了不可替代的作用，因此我们说保险是家庭理财的必需品，是家庭资产配置不可或缺的组成部分。

但是如何在品种繁多的保险产品中挑选出适合自己的保险产品呢？这是每一个投保人面临的困惑。要解决好这个问题其实并不难。我们首先要对家庭理财有一个全面的认识，进而对各种保险产品有一个简单明确的分类和了解，在此基础上，我们再根据家庭理财的整体规划，把我们需要的保险产品合理配置在家庭资产中，这样我们就可以明明白白买保险，让保险产品发挥其应有的作用了。

在这一章，我们首先对家庭理财进行全面的阐述，进而对家庭理财涉及的各种保险产品进行合理的分类，明确各类保险产品在家庭资产配置中的位置；最后阐述一下人生不同阶段选择保险产品的侧重点。

下面我们就从家庭理财的基本知识讲起，看看什么是理财、为什么理财、怎样理财。

一、什么是理财

理财是人们为了实现自己的生活目标而合理管理自身财务资源的一个过程。它贯穿人们的一生，因为人们只要是活着就离不开钱。我们讲得通俗点，理财就是以“管钱”为中心，通过抓好攒钱、生钱、护钱三个环节，管好你现在和未来的现金流，让你的资产在保值的基础上实现稳步、持续的增值，让你的兜里什么时候都有钱花，最终的目的是实现财务自由，让你的生活幸福、美好。

我们用一种形象的说法，你的收入（工作收入）是河流，财富是水库，花出去的钱就是流出去的水，理财就是开源节流，管好你家的水库，如图 1 所示。

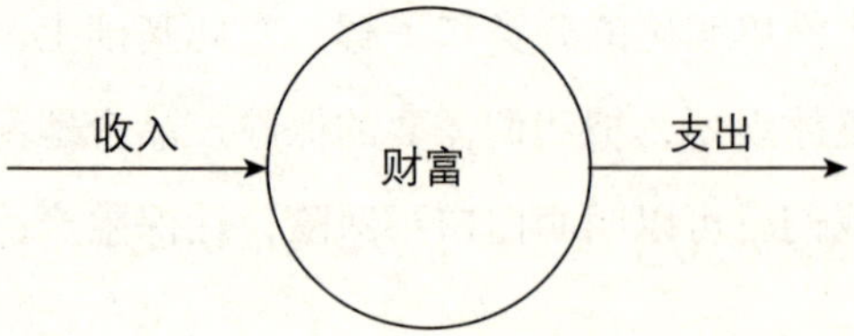

图 1

二、为什么理财

我们从图 1 可以看出，理财是始于消费的，也就是说你的收入减去你的支出，剩下的才是你的财富。所谓财富，就是被存储下来的收入。如果你把你的收入都花掉了，那么你就无财可理了。那么，我们为什么要把一部分收入存储起来呢？原因很简单，我们要把这部分收入用于明天的消费，比如养老、子女教育、子女婚嫁等等。所以，我们说，理财是为了明天的消费来存储今天的收入；或者说，理财是为了明天的生活来存储今天的财富。

人的一生各个时期都需要用钱，理财就是为了应对各种各样的生活需要。具体地说，理财是为了应对以下几方面的需要：

第一，应对家庭紧急支出的需要。任何家庭都会有意外的支出，比如家人突然生病住院，由于误伤别人造成民事赔偿，暂时性的失业造成收入中断，等等。建立家庭的应急基金是每个家庭必须做的事情。

第二，应对买房、买车、结婚、生子的需要。对 35 岁之前的年轻人来讲，理财的主要目的是应对买房、买车、结婚、生育子女的需要。

第三，应对养老、子女教育、子女结婚、赡养父母的需要。对于 35 岁到 55 岁的中年人来说，理财的主要目的是为家庭储备养老金、支付子女的教育费用、支付子女结婚的部分费用、赡养夫妻双方的父母。

第四，满足资产增值的需要。每个家庭都希望自己的资产在保值的基础上增值，让家庭的资产增长，使家庭的生活水平得到提高，这就需要拿出一部分资金进行投资，比如投资股票、基金、理财型保险。

第五，防范意外风险的需要。中国有句老话，叫作“天有不测风云，人有旦夕祸福”。总会有意想不到的事情发生，这些事情有可能对家庭财务状况造成巨大的影响，我们事先就应该通过购买保险的方式达到转嫁风险的目的。我曾说过一句话：“一个人没有保险，就如同一个人没有穿衣服，我们称为财富裸体。”

第六，应对财产传承的需要。人人都希望自己的子女生活好，希望在自己离开这个世界后能给子女留下一定数量的财产，让子女的生活更富足。但是如果国家征收遗产税，那么留给子女的财产数量就会大打折扣，而人寿保险是规避遗产税的很好方式，这就需要在自己活着的时候安排好。

三、怎样理财

前面说过，理财的中心是管钱，它包括三个环节：攒钱、生钱和护钱。理财的方法就是围绕“管钱”这个中心，抓好攒钱、生钱、护钱这三个环节。

1. 攒钱

攒钱是理财的起点。我们前面说过：收入（工作收入）是河流，财富是水库，花出去的钱就是流出去的水，你家中“水库”

中的财富，一定是（部分）通过积攒获得的。而要攒出钱来，就要合理地控制消费。攒钱需要遵循以下两个原则。

（1）一生恪守量入为出。支出才是财富的决定因素。即使你能赚很多钱，如果花钱无度，最终也会落得两手空空。

（2）一生莫让债务缠身。过度的负债消费会使你的财务状况恶化，甚至使你破产。

请记住，攒钱是理财的起点，要想攒好钱，你就要控制消费，否则你就会无财可理。理财是从攒钱开始的。

2. 生钱

钱生钱是理财的重点。如果你把攒下来的钱都存在银行里，就会面临一个问题：长期来看，短期银行存款利率跑不过通货膨胀，也就是说你的钱会贬值。如果你把攒下来的钱都用于风险性投资，那么结果有可能跑赢通货膨胀，但也可能亏本。那么，我们应该如何分配利用手中的钱呢?

我建议把你家“水库”中的钱分成三份，分别放在三个池子里。第一个池子里放的是应急钱，第二个池子里放的是保命钱，第三个池子里放的是闲钱。我之所以这样划分，是按照投资的三个属性来划分的。投资的三个属性是：流动性、安全性和营利性。应急钱对应的是流动性，保命钱对应的是安全性，闲钱对应的是营利性。

下面让我们来看看这三种钱都分别用来做什么。

（1）应急钱。应急钱是用于应对失业、家人生病等意外开支的，一般家庭应该保留一年到两年的生活费作为应急钱。应急钱可以用来进行短期投资，这些短期投资品风险低、收益低，但是流动性好，随时可以变现。应急钱主要投资短期银行存款、大额存单、结构性存款、短期银行理财产品和货币市场基金。如图 2 所示。

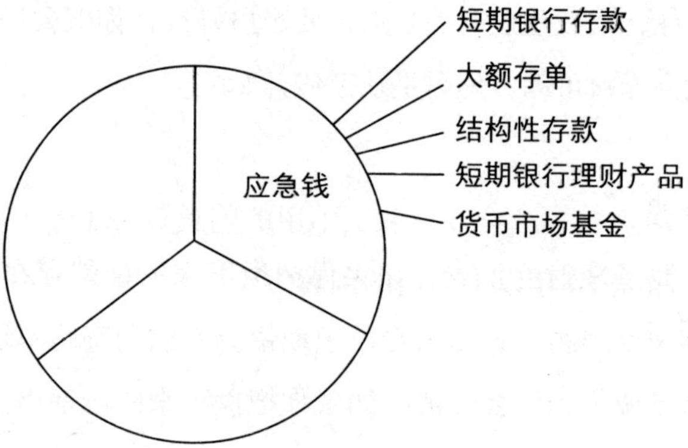

图 2

（2）保命钱。保命钱是可以保值的钱，主要用于家庭大宗支出。一般家庭应该保留 5 年以上的生活费作为保命钱。随着年龄的增长，保命钱应该越存越多，到你退休的时候，应该有 20 年的生活费（考虑通货膨胀的因素）作为保命钱。保命钱主要用于投资定期银行储蓄、大额存单、结构性存款、中长期国债、储蓄型商业保险、住房、美元、黄金等，这些投资相对安全，收益能抵御通货膨胀，能让资产不贬值。如图 3 所示。

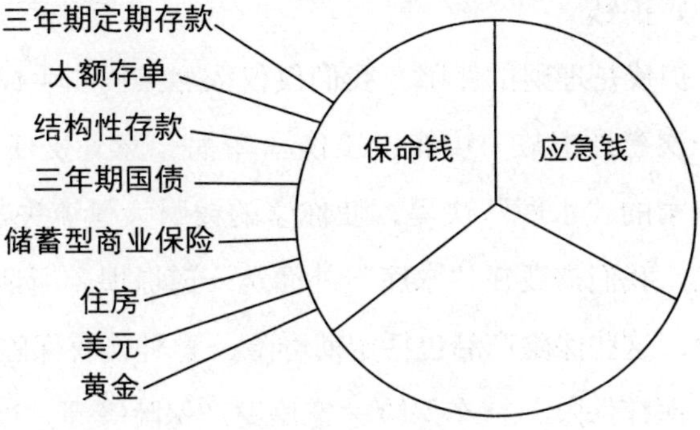

图3

（3）闲钱。闲钱是家庭 5 年以上不用的闲置资金（如果是退休老人，就是 20 年以上不用的闲置资金），这些钱可以用来进行风险性投资，但不是必须做风险性投资的。这些钱可以用于投资股票、股票型基金、投资连结保险等。这些投资有可能带来较高的收益，但也有可能产生亏损。如图 4 所示。

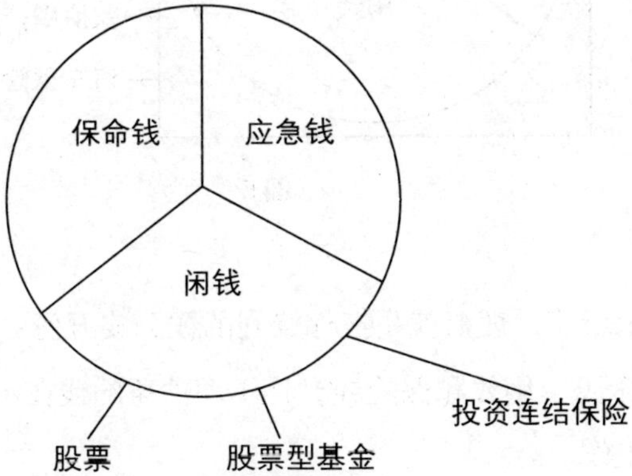

图4

3. 护钱

护钱是理财的保障。我们仅仅依靠攒钱和生钱是不够的，因为一次意外事故（疾病、工伤、车祸、意外责任）很有可能造成你家的“水库”决堤，使你家的钱财大量流失甚至损失殆尽。因此，我们需要在“水库”外面筑一道堤坝。所谓筑堤坝就是买保险，这些保险产品包括定期寿险、意外伤害保险、重大疾病保险、医疗保险、汽车保险、家庭财产保险等等。当你遇到意外事故的时候，保险会给你提供补偿性的资金，帮你渡过财务危机。如图5所示。

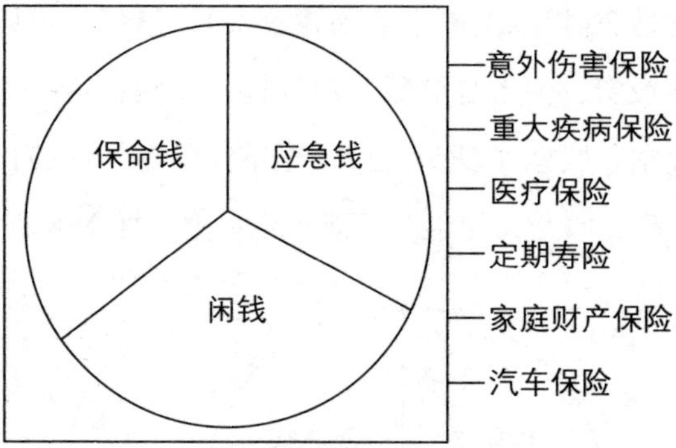

图5

综上所述，理财就是把你赚到的钱分成五份：消费钱、应急钱、保命钱、闲钱和保险钱。让不同性质的钱在不同的工作岗位上为你工作。

四、理财与保险的关系

从前面讲的内容我们可以看出，保险在理财中占有十分重要的位置：保障型保险可以提供风险保障（保险事故赔偿），储蓄型保险可以为你提供生存保障（养老金、子女教育金和子女婚嫁金、财产传承、资产保全），而投资型保险（投资基金）会给你带来资产增值。如图 6 所示。

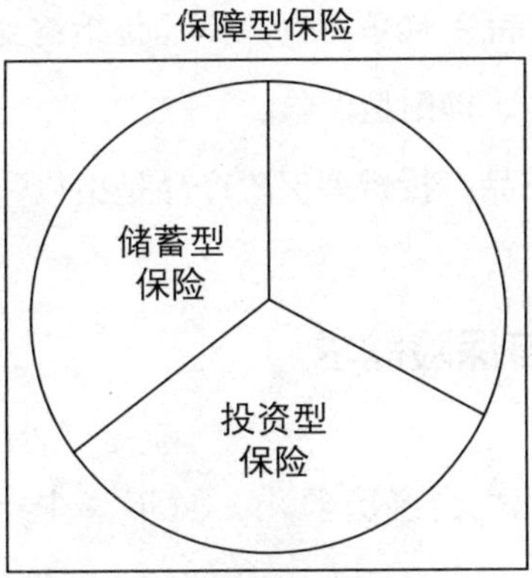

图6

可见，保险在家庭理财中是必不可少的理财工具，在家庭理财中发挥着不可替代的独特的作用。因此，我们说，对于家庭理财来讲，不买保险是万万不行的。

五、保险工具箱

1. 保险产品的分类

从理财实践的角度出发，我把保险产品分为三类：保障型保险、储蓄型保险和投资型保险。

（1）保障型保险产品。保障型保险产品包括定期寿险、意外伤害保险、医疗保险、疾病保险、家庭财产保险、机动车辆保险、家庭责任保险、房屋贷款保险。

（2）储蓄型保险产品。储蓄型保险产品包括终身寿险、年金保险、生死两全保险、理财型保险。

（3）投资型保险产品。投资型保险产品是指投资连结保险。

六、生命周期与保险需求

人从出生到死亡会经历婴儿、童年、少年、青年、中年和老年六个时期。由于婴儿期、童年期和少年期没有独立的经济来源，因此这三个时期不是理财规划的重要时期，而青年期、中年期和老年期则是进行理财规划的重要时期。

1. 青年期

青年期是指 18 岁至 35 岁这段时期。青年期又可细分为单身期和家庭与事业形成期。

（1）单身期。单身期一般指 18 岁至 30 岁这段时期。在这个时期，年轻人刚刚参加工作（如果是上大学，就要等到22岁），收入较少，但生活中有很多需要花钱的地方，如买衣服、租房子、谈恋爱、准备结婚等等。相对于不算丰厚的收入，支出的负担还是比较重的。但这个时期又往往是个人资金的原始积累期，因此，这个时期的年轻人应该在努力工作、扩大收入来源的同时，着重攒钱，为建立家庭做准备。与此同时，由于年轻，抗风险的能力较强，你可以拿出一小部分资金，尝试进行投资，比如投资股票和基金，为自己中年后的投资积累经验。在这个时期，保险同样很重要，由于经济能力有限，可以考虑购买一些保费比较便宜的保障型保险，比如意外伤害保险、医疗保险、重大疾病保险。

（2）家庭与事业形成期。家庭与事业形成期一般指30岁至35岁这段时期。在这个时期，个人事业初步形成，两个人组建了家庭，经济收入有了一定的增加，生活开始稳定。但伴随着孩子的出生，家庭的经济负担也在加重。尽管家庭的财力仍然不算雄厚，但呈现蒸蒸日上之势。此时家庭最大的支出是购房，一般要采用贷款的方式买房，对此夫妻二人要进行仔细的规划，使月供负担控制在家庭经济能力可以承受的范围之内（不超过家庭月收入的30%）。如果是贷款购房，一定要购买房屋贷款保险或者定期寿险，如果借款人在还款期间身故或者残疾，丧失还款能力时，保险公司会代为偿还剩余的贷款本金。在孩子出生后，你还要开始为孩子积累教育费用，以减轻孩子接受高等教育时的资金压力，而投保理财型保险是一种很好的方式。同时，你也别忘了给孩子购买重大疾病保险。

2. 中年期

中年期一般指35岁至60岁这段时期。中年期又可以细分为家庭与事业成长期和退休前期。

（1）家庭与事业成长期。家庭与事业成长期是指35岁至55岁这段时期。人到中年，事业开始逐步走向成功，收入日渐丰厚，虽然日常支出也在增多（负担孩子的大学教育费用、赡养父母等），但是收入的增长速度要比支出增长更快。这个时期首要的任务是还清房贷，其次是加大投资力度（特别是风险性投资），为家庭储备未来的养老金。这一时期，一定要给自己投保养老保险，为退休养老做好充足的储备。此外，你如果要进行长期投资，理财型保险和投资连结保险也是不错的选择。再有，人过40岁，身体开始走下坡路，疾病开始主动找上门了，因此为自己投保重大疾病保险和医疗保险也显得尤为重要。此外，你还要提早考虑财产传承的问题，为自己投保终身寿险是很好的选择。

（2）退休前期。退休前期是指55岁至60岁这一阶段。在这一阶段，孩子已经完成大学学业，参加工作，经济开始独立。此时家庭收入丰厚，支出减少，没有负债，财务状况良好。这一时期，最重要的是准备好养老金；其次是在力所能及的情况下为子女准备适当的婚嫁费用。这个时期，在资产组合中要逐渐减少风险性投资的比重，增加安全性投资的比重，获取安全、稳定的投资收益。

3. 老年期

老年期是指 60 岁以上的时期，也是退休期。进入退休期，家庭的收入减少，而休闲和医疗费用增加，其他费用减少。此时，家庭的风险承受能力下降，对资金的安全性要求远高于收益性，因此，在资产配置上要进一步降低风险，进一步减少风险性投资的比重，甚至不进行风险性投资。

4. 人生不同时期的保险重点

青年时期的保险重点：以保障型保险为主，比如定期寿险、重大疾病保险、意外伤害保险、房屋贷款保险；其次是为孩子投保重大疾病和理财型保险等。

中年时期的保险重点：保障型保险和储蓄型保险并重，适当购买投资型保险，比如投资连结保险。

老年时期的保险重点：为子女购买保险产品。

我们在这一章讲述了保险与理财的关系，明确了保险在家庭理财中的重要地位，并对保险产品进行了分类，对人生各个阶段的保险重点也进行了简要分析。在下面的三章中，我们将分类讲述各种保险产品的特点，看完了下面的三章，相信你对各种保险产品的作用和特点都会有清楚的认识，也能明明白白买保险了。

第三章

保障型保险

保障型保险是为你提供风险保障的保险，是你家庭财富的保护伞。本章所讲述的保障型保险包括意外伤害保险、财产保险、医疗保险和定期寿险。

意外伤害保险包括意外伤害保险、旅游保险和航空意外保险；财产保险包括家庭财产保险、汽车保险和房屋贷款保险；医疗保险包括重大疾病保险和商业医疗保险。

第一节　意外伤害保险

意外伤害保险是指以意外伤害事故导致被保险人身故或残疾为给付保险金条件的人身保险。意外伤害保险中所称的意外伤害，指在被保险人没有预见到或违背被保险人意愿的情况下，突然发生外来事故导致被保险人的身体受到明显侵害的客观事实。

一、意外伤害的概念

1. 伤害

伤害是指被保险人的身体受到侵害的客观事实。

2. 意外

意外包含以下两个层次的含义：

（1）被保险人事先没有预见到伤害的发生，可以理解为伤害事故的发生是被保险人事先不能预见或无法预见的；

（2）伤害事故的发生违背被保险人的主观意愿。

3. 意外伤害的构成

意外伤害的构成包括意外和伤害两个必要条件。

二、意外伤害保险的概念

意外伤害保险有三个层次的含义：

第一，发生的必须是客观的意外事故，而且事故原因是意外的、偶然的、不可预见的；

第二，被保险人必须因意外事故造成死亡或人身伤残的结果；

第三，意外事故的发生和被保险人遭受人身伤害的结果两者之间有着内在的、必然的联系。

三、意外伤害保险的基本内容

投保人向保险公司缴纳一定数额的保险费，如果被保险人在保险期限内遭受意外伤害并以此为直接原因或近因，在被保险人自遭受意外伤害之日起的一定时期内造成死亡、残疾、支出医疗费或暂时丧失劳动能力，则保险公司给付被保险人或其受益人一定数额的保险赔偿金。

四、意外伤害保险的保障项目

（1）死亡给付；

（2）残疾给付。

意外死亡给付和意外残疾给付是意外伤害保险的基本责任，其派生责任包括医疗费给付、误工费给付，丧葬费给付等。

五、意外伤害保险的特点

1. 保险金的给付

保险事故发生时，死亡保险金按照保险合同约定的保险金额给付，残疾保险金按照保险金额的一定比例给付。

2. 保险费计算依据

意外伤害保险的保险费是根据保险金额损失概率计算的。被保险人遭受意外伤害的概率取决于其从事的职业和进行的活动。在其他条件都相同时，被保险人从事的职业和进行的活动危险程度越高，应缴纳的保险费就越多。

3. 保险期限

意外伤害保险的保险期限较短，一般都不超过一年。

六、意外伤害保险的除外责任

意外伤害保险的除外责任就是保险人公司不应该承保的意外伤害，如果承保，则违反法律的规定或违反社会公共利益。

意外伤害保险的除外责任一般包括：

（1）被保险人在犯罪活动中受到的意外伤害；

（2）被保险人在寻衅殴斗中受到的意外伤害；

（3）被保险人在醉酒、吸食（或注射）毒品后发生的意外伤害；

（4）被保险人的自杀行为造成的伤害。

七、意外伤害保险的保险责任

意外伤害保险的保险责任是保险人因意外伤害导致的死亡或残疾，不负责疾病所致的死亡。只要被保险人遭受意外伤害的事件发生在保险期内，保险人就要承担保险责任，给付保险金。

1. 被保险人遭受了意外伤害

（1）被保险人遭受意外伤害必须是客观发生的事实，而不是臆想的或推测的；

（2）被保险人遭受意外伤害的客观事实必须发生在保险期限内。

2. 被保险人死亡或残疾

（1）被保险人死亡或残疾。

死亡，即机体生命活动和新陈代谢终止。在法律上发生效力的死亡包括两种情况：一是生理死亡，二是宣告死亡（按照法律程序推定的死亡）。

残疾包括两种情况：一是人体组织的永久性残缺，二是人体器官正常功能的永久丧失。

（2）被保险人的死亡或残疾发生在保险责任期限之内。

保险责任期限是指自被保险人遭受意外伤害之日起的一定期限内(如 90 天、180 天)。

被保险人被宣告死亡的情况。意外伤害保险合同条款中订有失踪条款，规定被保险人确因意外伤害事故下落不明超过一定期限(如 3 个月、6 个月)时，视同被保险人死亡，保险人给付死亡保险金。但如果被保险人以后生还，受领保险金的受益人应把保险金返还给保险公司。

3. 意外伤害是死亡或残废的直接原因或近因

（1）意外伤害是死亡、残疾的直接原因；

（2）意外伤害是死亡或残疾的近因；

（3）意外伤害是死亡或残疾的诱因。

八、意外伤害保险保险金的给付方式

意外伤害保险属于定额给付性保险。当保险责任构成时，保险公司按照保险合同中约定的保险金额给付死亡保险金或残疾保险金。

死亡保险金的数额是保险合同中规定的，当被保险人死亡时按照保险合同支付。残疾保险金的数额由保险金额和残疾程度两个因素确定。残疾程度一般以百分率表示。残疾保险金数额的计算公式是：

残疾保险金＝保险金额 × 残疾程度百分率

在意外伤害保险中，保险金额是保险人给付保险金的最高限额，即保险人给付被保险人死亡保险金、残疾保险金累计以不超过该被保险人的保险金额为限。

九、意外伤害保险合同的核心条款

（条款参照市场上销售的保险产品）

1. 保险金额

本合同的保险金额由投保人在投保时与保险公司约定，并在保险单和合同批注上载明。

2. 保险期间

本保险合同的保险期间为 1 年。保险期间届满之前，保险公司会审核被保险人是否符合续保条件。

若保险公司审核同意，投保人可于本合同期间届满时，按照续保时对应的费率向保险公司缴纳续期保险费。

若保险公司不接受续保，保险公司会在本合同期间届满之前，以书面形式通知投保人。

3. 保险责任

在本合同有效期间，保险公司承担以下保险责任：

（1）意外身故保险金。若被保险人遭受意外伤害事故，并因本次意外伤害事故直接导致被保险人在该意外伤害事故发生之日起 180 日之内身故，保险公司将按照基本保险金额给付意外身故保险金，本合同终止。

（2）意外残疾保险金。被保险人遭受意外伤害事故，并因本次意外伤害事故直接导致被保险人在该意外伤害事故发生之日起 180 日之内发生（伤残程度与保险金给付比例表）所列残疾项目之一的，保险公司将按照表中所列给付比例乘以基本保险金额所得数额给付意外残疾保险金。

（3）意外烧烫伤保险金。被保险人遭受意外伤害事故，并因本次意外伤害事故直接导致被保险人在该意外伤害事故发生之日起 180 日之内发生（烧烫伤程度与保险金给付比例表）所列残疾项目之一的，保险公司将按照表中所列给付比例乘以基本保险金额所得数额给付烧烫伤保险金。

（4）最高给付金额。任何一项或数项保险金给付额累计达到本合同规定的基本保险金额时，本合同终止。

（5）责任免除。因下列情形之一导致被保险人身故、残疾或烧烫伤的，保险公司不承担保险金给付责任：

- 投保人对被保险人故意杀害、故意伤害；
- 被保险人自杀、故意自伤、故意犯罪、故意行为导致打斗或被袭击、抗拒依法采取的刑事强制措施；

- 被保险人酗酒、主动吸食毒品或注射毒品；
- 被保险人酒后驾驶、无合法有效驾驶执照驾驶或驾驶无有效行驶执照的机动车；
- 被保险人因精神疾患导致的意外事故；
- 被保险人因妊娠、流产、分娩、药物过敏导致的伤害；
- 被保险人因未遵医嘱，私自使用药物导致的伤害；
- 被保险人参加潜水、跳伞、攀岩，驾驶滑翔机、滑翔伞，探险、摔跤、武术比赛、特技表演、赛马或赛车导致伤害；
- 战争、军事冲突、暴乱或武装叛乱；
- 核爆炸、核辐射或核污染。

发生上述第一项情形导致本合同终止时，保险公司向保险金受益人按照比例退还本合同已经缴纳的保险费（有费率表）。

发生上述其他情形导致本合同终止时，保险公司向投保人按照比例退还本合同已经缴纳的保险费（有费率表）。

各个保险公司推出的意外伤害保险产品条款大同小异，你要重点关注费率和保障金额。

中国有句老话：天有不测风云，人有旦夕祸福。人人都应该购买意外伤害保险。保险金额应该是家庭每年生活费用的 5 ~ 10 倍。如果家庭还有其他债务，则保额中还应该加上其他债务的数额。

第二节　旅游保险

旅游保险是针对被保险人在国内或出国旅行途中可能发生的各种意外伤害事故导致的一切意外死亡和伤残事故所做的保障。

一、旅游保险的主要产品

旅游保险的主要产品有：游客意外伤害保险、旅游人身意外伤害保险、住宿游客人身保险、旅游救助保险、旅游求援保险。

1. 游客意外伤害保险

游客出门旅游，乘飞机、乘车、坐船是少不了的。不怕一万，只怕万一，上个保险等于给自己系上了一条“安全带”。强制性的游客意外伤害保险的保费已包含在票价之内，游客在购买机票、车票、船票时，实际上就已经投保了该保险。保险期限为游客验票进站或中途上车（上船）起，至检票出站或中途下车（下船）止。在保险有效期内，因意外事故导致游客死亡、残疾或丧失身体机能的，保险公司除按规定支付医疗费用外，还要向受益人支付保险金。

机票、车票以及景点的门票大都含有保险，这些票证也就具有保险凭证的意义。一旦发生意外，它们是要求保险赔偿的依据，应该妥善保存。

2. 旅游人身意外伤害保险

游客到景区旅游，体验惊险刺激的旅游项目之前，最好先选择旅游人身意外伤害保险。国内保险公司大都开设该险种，一次可投保多份。保险期限为从购买保险进入旅游景点时起，至离开景点时止。

游客可按照旅游项目安全系数之大小，对该保险做出买与不买的选择。但参加如下旅游时，最好买保险：探险游，如到大峡谷、沙漠、草原等；生态游，如到野生动物园观看动物，到野生植物园内野炊、露营等；惊险游，如进行水流湍急的漂流、悬崖峭壁的攀缘等。

3. 住宿游客人身保险

住宿游客人身保险从住宿之日零时算起，保险期限 15 天左右，期满可以续保，一次可投多份。每份保险的保险责任包括三个方面：一是住宿游客保险金，二是住宿游客见义勇为保险金，三是游客随身物品遭到意外损毁或盗抢而获赔的补偿金。在保险期限内，被保险人因遭意外事故、外来袭击、谋杀或者为保护自身或他人生命财产安全而导致被保险人死亡、残疾或身体机能丧失，或随身携带物品遭盗窃、抢劫等，保险公司按不同标准支付保险金。

4. 旅游救助保险

旅游救助保险是国内各保险公司普遍开办的险种，是保险公司与国际救援中心联合 SOS 推出的，被保险人无论在国内外任何地方遭遇险情，都可拨打电话获得无偿救助。

5. 旅游求援保险

旅游求援保险对于出国旅游十分合适。有了它的保障，被保险人一旦发生意外事故或者由于不谙当地习俗法规引起了法律纠纷，只要拨打电话，就会获得无偿的援助。

二、旅游保险的保障范围

旅游保险的保障范围主要包括四个方面：人身意外伤害保障、医疗费用保障、个人财物保障、个人法律责任保障。

1. 人身意外伤害保障

由于意外伤害事故造成被保险人死亡或永久性伤残的，保险公司给予受益人一笔保险合同约定的保险金。

2. 医疗费用保障

保险公司支付被保险人在旅途中因意外伤害而发生的医疗费用开支。完善的旅游保险应包括“国际医疗支援”服务，万一在外地（国）发生严重事故，被保险人可享受国际医疗队伍的服务，例如紧急医疗运送或送返原居地等。大部分旅游保险都只保障因意外伤害造成的医疗开支，但也有少部分保单可同时保障在旅途中因疾病而带来的医疗支出。

3. 个人财物保障

旅游保险保障被保险人在旅途中，财物因意外损毁或被盗窃所带来的经济损失。

4. 个人法律责任保障

旅游保险保障被保险人在旅途中因疏忽而导致第三者人身伤亡或财物损失而被追讨索赔的风险。

注意：由于不同的保险公司的保单条款可能不同，因此保障范围会有所不同。

三、旅游保险合同的主要条款

具体来讲，旅游保险合同一般包括医疗费用、人身意外、紧急医疗运送费用、遗体运返费用、个人行李、行李延误、取消旅程、旅程延误、缩短旅程、个人钱财及证件、个人责任等条款。

医疗费用。被保险人在旅游中因感染疾病或是遭遇意外伤害所需支付的医疗费用。

人身意外。若被保险人因严重意外伤害导致残疾或死亡，被保险人或受益人可根据保险合同约定内的赔偿额获得赔偿。

紧急医疗运送费用。被保险人因意外或重病，有关方面会提供紧急医疗运送。

遗体运返费用。如果被保险人不幸身故，保险公司会提供将遗体运返回原居住地的费用。

个人行李。被保险人的个人行李若在旅途中被人盗窃、意外遗失或遭受损毁，将得到一定数额的赔偿。

行李延误。如果被保险人的行李在被保险人抵达目的地 12 小时后仍未送达，可以按 12 小时为单位获得赔偿。

取消旅程。如果被保险人在保单生效日至起行日内，因严重疾病或意外不能成行，部分（或全部）旅行费用订金、机票等损失由保险公司负责赔偿。

旅程延误。如果被保险人所乘搭的交通工具因天气恶劣、机械故障等导致延误，被保险人可按时间得到相应的赔偿。

缩短旅程。如果被保险人因遭遇意外，重病或死亡，需要提早结束旅程时，被保险人可向保险公司索偿已支付或是不能享用的费用。

个人钱财及证件。保障范围包括金钱损失（现金、当地货币、旅行支票）以及因遗失护照而造成的损失。

个人责任。如果被保险人因个人疏忽导致他人身体受损或财物损失而承担法律责任，保险公司可代为赔偿。

四、购买旅游保险需要注意的问题

（1）注意阅读保险期限，比如是 10 天还是 15 天。

（2）仔细阅读保险的保障范围。看看保险合同保障哪些内容，不保哪些内容，这是非常重要的，尤其应注意免责条款。

（3）注意看保险金额。不要认为旅游保险都一样，事实上有时候价格相同而保险金额却不相同。

（4）保险金额一定要高。有些人习惯买 10 万元意外伤害保险，1 万元的意外医疗保险，实际上起不了多大的保障作用。因为人们购买保险就是希望能够获得超过自己支付能力的补偿，如果保险金额过低，要真出个大事故，就不能真正起到保障作用了。所以建议购买旅游保险产品时意外伤害保险金额最好大于 50 万元，意外医疗保险金额最好大于 5 万元，这样才能够真正放心。

（5）购买后，一定要注意检查审核保单，看看保险资料是否完善，一般应该有发票、保险单、投保单和保险条款等。

五、哪些人需要购买旅游保险

如下人员需要购买旅游保险：

（1）参加旅行社组团的旅游者；

（2）自驾、徒步旅行者；

（3）参加单位组织外出旅游或其他活动的人；

（4）参加公司组织的拓展训练的人；

（5）出差时间长、出差地点安全因素存在问题的出差者。

通常谈到的旅游保险有两种：一种是旅行社责任险，一种是旅游意外伤害险。根据国家旅游局的规定，正规的旅行社必须投保旅行社责任险，游客一旦参加旅行社组织的旅游活动，就可享有该项保险的权益。对于旅游保险，旅行社只是向游客推荐，并不强制购买。

六、旅游保险的理赔

当你在旅行期间，发生保险责任范围内的保险事故，要在第一时间拨打投保的保险公司的 24 小时救援电话或报案电话。

1. 旅游保险理赔应该注意的问题

（1）投保单的递交。旅游保险的保险单是理赔时必须递交的重要资料。在理赔的时候，保险公司会逐一核对单上的保单编号、个人信息、有效期限、旅游目的地以及签名。

（2）病历资料。境外旅游保险理赔时，病历是必须提供的一项重要资料。在国外，如果没有病历本，也会有相关的诊断证明资料。

（3）收据（发票）。收据是理赔资料中最重要的部分。只有在缴纳医疗费用之后，医院才会给客户开具相关的收据，你还应该在提交理赔资料之前，核实收据是否为原件。

（4）门诊疾病理赔。境外旅游保险对于疾病门诊发生的费用也可以理赔。但是，在疾病的定义上，条款有一定的限制，疾病必须是在国外首次发作的，这一点在办理理赔的时候要注意。

2. 申请旅游保险理赔时还需要提供的材料

（1）《索赔申请书》；

（2）受益人的户籍证明或身份证明；

（3）被保险人的户籍证明或身份证明；

（4）保险公司认可的伤残鉴定机构出具的残疾鉴定书；

（5）被保险人（或受益人）提供的与确认保险事故的性质、原因、伤害程度等有关的其他证明资料；

（6）公安部门或保险公司认可的医疗机构出具的被保险人死亡证明；

（7）如果被保险人被宣告死亡，保险受益人须提供法院出具的宣告死亡证明文件和被保险人的户籍注销证明。

第三节　航空意外保险

航空意外保险是以航空飞机旅行为保险标的的一种航空保险。当承保的飞机由于自然灾害或意外事故而受损坏，导致第三者或飞机上旅客人身伤亡、财产损失时，由保险公司负责赔偿。

航空意外保险的保险责任是被保险乘客在登机、飞机滑行、飞行、着陆过程中，即在保险期限内因飞机意外事故遭到人身伤害导致身故或残疾时，由保险公司按照保险合同所载明的保险金额给付身故保险金，或按身体残疾程度所对应的给付比例给付残疾保险金。

航空意外保险金额按份计算，每份保额不等。保障时间是从意外伤害发生之日起180天以内。

如果你经常乘坐飞机出行，最好买一份一年期的航空意外保险，这样就不用每次坐飞机都购买了。

第四节　家庭财产保险

家庭财产保险（简称家财险）是个人和家庭投保的重要险种。凡存放、坐落在保险单列明的地址，属于被保险人自有的家庭财产，都可以向保险公司投保家庭财产保险。

一、家庭财产保险的保险期限

根据被保险人的不同需要，家庭财产保险可以分为普通家庭财产保险，保险期限通常为 1 年期；定期还本家庭财产保险，保险期限分为 1 年期、3 年期和 5 年期。投保人可根据自身需要进行选择。

二、家庭财产保险的保险金额

由被保险人根据保险财产的实际价值确定，并且按照保险单上规定的保险财产项目分别列明。

三、家庭财产保险的分类

1. 普通家庭财产保险

普通家庭财产保险采取缴纳保险费的方式，保险期限为 1 年，从保险人签发保险单之日零时起保，到保险期限届满之日 24 时止。没有特殊原因，中途不得退保。保险期满后，所缴纳的保险费不予退还，续保需要重新办理保险手续。

2. 到期还本型家庭财产保险

到期还本型家庭财产保险的承保范围和保险责任与普通家庭财产保险相同。到期还本型家庭财产保险具有灾害补偿和储蓄的双重性质。投保时，投保人缴纳固定的保险储金，储金的利息转作保险费，保险期限届满时，无论在保险期限内是否发生赔付，保险储金均返还投保人。

四、家庭财产保险的保险范围

1. 家庭可保财产

（1）自有居住房屋；

（2）室内装修、装饰及附属设施；

（3）室内家庭财产。

2. 家庭不保财产

（1）金银、珠宝、首饰、古玩、货币、古书、字画等；

（2）货币、储蓄存折、有价证券、票证、文件、账册、图表、技术资料等；

（3）违章建筑、危险房屋以及其他处于危险状态的财产；

（4）摩托车、拖拉机或汽车等机动车辆，手机，家禽、家畜；

（5）食品、烟酒、药品、化妆品，以及花、鸟、鱼、虫、树、盆景等。

五、家庭财产保险的保险责任

保险公司对于在保险单中列明地址的家庭保险财产，由于下列原因造成的损失，负责赔偿：

（1）火灾、爆炸；

（2）雷击、冰雹、雪灾、洪水、崖崩、龙卷风、冰凌、泥石流和自然灾害引起地陷或下沉；

（3）空中运行物体坠落、外界物体倒塌；

（4）暴风或暴雨使房屋主要结构（外墙、屋顶、屋架）倒塌；

（5）存放于室内的保险财产，遭受外来的、有明显痕迹的盗窃、抢劫；

（6）外界建筑倒塌（保险建筑自行倒塌不赔）；

（7）施救所致的损失和费用。

六、家庭财产保险的除外责任

保险财产由于下列原因造成的损失，保险公司不负赔偿责任：

（1）地震、海啸；

（2）战争、军事行动、暴动、罢工、没收、征用；

（3）核反应、核辐射或放射性污染；

（4）被保险人或其家庭成员的故意行为或重大过失；

（5）保险财产本身缺陷、保管不善、变质、霉烂、受潮、虫咬、自然磨损；

（6）家用电器因使用过度或超电压 、碰线、漏电、自身发热等造成的自身损毁；

（7）堆放于阳台或露天的财产，或用芦席、稻草、油毛毡、麦秆、芦苇、竹竿、帆布等材料为外墙、棚顶的简陋罩棚下的财产及罩棚，由于暴风、暴雨、盗窃或抢劫所造成的损失；

（8）未按要求施工导致建筑物地基下陷下沉，建筑物出现裂缝、倒塌的损失；

（9）被保险人的家属或雇用人员、同住人、寄宿人盗窃或纵容他人盗窃保险财产而造成的损失；

（10）保险财产在存放处所无人居住或无人看管超过 7 天的情况下遭受的盗窃损失；

（11）因门窗未关致使保险财产遭受的盗窃损失。

七、家庭财产保险的理赔

（1）被保险人索赔时，应当向保险公司提供保险单、损失清单和其他必要的单证。

（2）保险财产遭受保险责任范围内的损失时，保险公司按照出险当时保险财产的实际价值计算赔偿，但最高不超过保险单分项列明的保险金额。

（3）保险财产遭受部分损失经保险公司赔偿后，保险合同继续有效，但其保险金额相应减少。减少金额由保险公司出具批单批注。

（4）发生保险责任范围内的损失后，应由第三者赔偿的，被保险人可以向保险公司或第三者索赔。被保险人如向保险公司索赔，应自收到赔款之日起，向保险公司转移向第三者代位索赔的权利。在保险公司行使代位索赔权利时，被保险人应积极协助，并向保险公司提供必要的文件及有关情况。

（5）保险事故发生时，如另有其他保险单对同一保险财产承保同一责任，不论该保险单是否由被保险人或他人投保，保险公司仅按比例负责赔偿。

（6）被保险人的索赔期限，自其知道保险事故发生之日起，不得超过两年。

八、家庭财产保险中被保险人的义务

（1）被保险人应依照保险公司规定的家庭财产保险收费标准，在起保日前一次性缴清保险费或保险储金。

（2）被保险人如在保险期内要求退还保险储金，保险公司按照家庭财产保险合同规定的费率计收当年保险费，保险费从退还的保险储金中扣除。

（3）在保险期限内，投保人将保险财产存放地点进行变更，或保险财产所有权发生转移，被保险人应及时向保险人申请办理批改手续。

（4）被保险人应当维护保险财产的安全，按照有关部门的要求做好防灾、防损的工作。

（5）保险财产发生保险责任范围内的灾害或事故时，被保险人应当尽力救护并保存现场，在24小时内通知保险公司，同时向当地公安机关报告，以便及时勘查处理。

（6）被保险人在向保险公司申请赔偿时，应当提供保险单、保险财产损失清单、救护费用单据以及所在单位、街道、乡(镇)和有关职能部门(如公安、气象等部门)的证明。

（7）保险财产发生保险责任范围内的损失，应当由第三者负责赔偿的，被保险人应当向第三者索赔。如果被保险人向保险公司提出赔偿请求时，保险人可以按照保险合同有关规定先予赔偿，但被保险人必须将向第三者追偿的权利转让给保险公司，并协助保险公司向第三者追偿。

（8）被保险人如果不履行保险合同规定的各项义务，或有虚报损失等欺骗行为，保险公司有权拒绝赔偿，追回已经支付的赔款，或者终止保险合同。

第五节　汽车保险

汽车保险（简称车险）是指对机动车辆由于自然灾害或意外事故所造成的人身伤亡或财产损失负赔偿责任的一种商业保险。

一、汽车保险的分类

1. 按性质分类

车险种类按性质可以分为强制保险（交强险）与商业险。通常所说的交强险，即机动车交通事故责任强制保险，是国家规定强制购买的保险，机动车必须购买该保险才能够上路行驶、年检、挂牌，且在发生第三者损失需要理赔时，必须先赔付交强险再赔付其他险种。

商业险是非强制购买的保险，车主可以根据实际情况购买。

2. 按保障的责任范围分类

根据保障的责任范围的不同，车险还可以分为基本险和附加险。

基本险包括第三者责任险、车辆损失保险、司机责任险和乘客责任险、全车盗抢险。投保人可以选择投保其中部分险种，也可以选择投保全部险种。

附加险包括玻璃单独破碎险、自燃损失险、无过失责任险、车载货物掉落责任险、车辆停驶损失险、新增设备损失险、不计免赔特约险等。要投保附加险，必须先投保车辆损失险后才能投保。

二、主要的汽车保险险种介绍

1. 车辆损失险

车辆损失险负责赔偿由于自然灾害或意外事故造成的车辆自身的损失。这是车辆保险中最主要的险种。你如果不投保，车辆碰撞后的修理费用得全部由你自己承担。

2. 第三者责任险

第三者责任险负责车辆在使用中发生意外事故造成他人（第三者）的人身伤亡或财产的直接损毁的赔偿责任。

3. 全车盗抢险

全车盗抢险负责赔偿保险车辆因被盗窃、被抢劫、被抢夺造成车辆的全部损失，以及其间保险车辆受到损坏或车上零部件、附属设备丢失所造成的损失。车辆丢失后可从保险公司得到车辆实际价值（以保单约定为准）80%的赔偿。

4. 车上责任险

车上责任险负责保险车辆发生意外事故造成车上人员的人身伤亡和车上所载物品的直接损毁的赔偿责任。

5. 无过失责任险

保险车辆在使用过程中，因与非机动车辆、行人发生交通事故，造成对方人员伤亡和直接财产损毁，而保险车辆一方不应该承担赔偿责任时，如果被保险人拒绝赔偿未果，对被保险人已经支付给对方而无法追回的费用，保险公司按照《道路交通事故处理办法》和出险当地的《道路交通事故处理规定》标准，在保险单所载明的限额内计算赔偿。每次赔偿均实行20％的绝对免赔率。

6. 车载货物掉落责任险

车载货物掉落责任险承担保险车辆在使用过程中，所载货物从车上掉下来造成第三者遭受人身伤亡或财产的直接损毁而产生的经济赔偿责任。赔偿责任在保险单所载明的保险赔偿限额内计算。每次赔偿均实行20％的绝对免赔率。

7. 玻璃单独破碎险

保险车辆在停放或使用过程中，其他部分没有损坏，仅风挡玻璃单独破碎，风挡玻璃的损失由保险公司赔偿。

8. 车辆停驶损失险

保险车辆发生车辆损失险范围内的保险事故，造成车身损毁，致使车辆停驶而产生的损失，保险公司按照保险合同规定进行赔偿。车辆停驶损失险最大的特点是费率很高，达 10% 左右。

9. 自燃损失险

自燃损失险是对保险车辆在使用过程因本车电器、线路、供油系统发生故障或运载货物自身原因起火燃烧给车辆造成的损失负赔偿责任。

10. 新增加设备损失险

保险车辆发生车辆损失险范围内的保险事故，造成车上新增设备的直接损毁，由保险公司按实际损失计算赔偿。

11. 不计免赔特约险

投保人只有在同时投保了车辆损失险和第三者责任险的基础上方可投保本保险。办理了本项特约保险的机动车辆发生保险事故造成赔偿，对其在符合赔偿规定的金额内按基本险条款规定计算的免赔金额，保险公司负责赔偿。也就是说，办了本保险后，车辆发生车辆损失险及第三者责任险方面的损失，全部由保险公司赔偿。

三、投保汽车保险的技巧

（1）车辆的保险金额要根据车辆的实际价值确定。要注意保险金额不得超过车辆价值，因为超过的部分无效。

（2）车上人员责任险，在投保时根据使用情况投保一个座位或几个座位，如果超过 2 座，则 4 个座位全部投保比较划算。

（3）第三者责任险有 5 万元、10 万元、15 万元、20 万元、30 万元、50 万元、100 万元、150 万元等多个档次，一般来说，投保 50 万元到 100 万元比较合适。

（4）自燃险是对车辆因油路或电路的原因自发燃烧造成的损失进行赔付。夏天是汽车自燃的多发季节，最好投保一份车辆自燃险，做到有备无患。

（5）旧车的盗抢险和车损险，投保时车辆的实际价值按新车购置价减去折旧来确定，一般每年折旧 1/15。

四、投保汽车保险要注意的问题

1. 不要重复投保

有些投保人自以为多投几份保，就可以使被保车辆多几份赔偿。按照《保险法》第四十条规定：“重复保险的车辆各保险人的赔偿金额的总和不得超过保险价值。”因此，即使投保人重复投保，也不会得到超价值赔款。

2. 不要超额投保或不足额投保

有些投保人，明明车辆价值 20 万元，却投保了 30 万元的保险，认为多花钱就能多赔付。而有的车价值 25 万元，却投保了 15 万元。这两种投保都不能得到有效的保障，因为超额投保、不足额投保都不能获得额外的利益。

3. 保险要保全

有些投保人为了节省保费，想少保几个险种，或者只保车损险，不保第三者责任险，或者只保主险，不保附加险等。其实各险种都有各自的保险责任，假如车辆真的出事，保险公司只能依据当初订立的保险合同承担保险责任给予赔付，而车主的其他损失就得不到赔偿。

4. 及时续保

有的被保险人在车辆保险合同到期后不能及时续保，如果万一车辆就在脱保这几天出了事故，岂不悔之晚矣。

5. 核对保单

投保人在办理完保险手续拿到保单正本后，要及时核对保单上所列项目，如车牌号、发动机号等，如有错漏，要马上提出更正。

6. 随身携带保险卡（单）

保险卡（单）应随车携带，如果发生事故，要立即通知保险公司并向交通管理部门报案。

五、汽车保险理赔要注意的问题

有些被保险人认为，只要买了车险，所有的事故损失都由保险公司赔偿。其实并非所有的事故被保险人都能得到全额赔偿。对于车险理赔，被保险人应注意以下几个问题：

第一，要及时报案。发生交通事故后，被保险人应保护好现场，并在24小时内向保险公司报案，如实陈述事故发生经过，提供保险单，等待保险公司查勘人员到现场查勘，同时填写好《索赔申请书》。

第二，在出险车辆修复后，车主应保存好修理发票，同时提供其他必要的材料向保险公司索赔。

第三，要了解拒赔范围和免责范围。在车险索赔时，被保险人应遵守相关交通规则并熟悉保险责任范围。对于年审不合格或没有年审、拖带未保险车辆、交通肇事逃逸、购买二手车后保单未过户的车辆，保险公司有权拒赔。另外，并非所有的事故车主都能得到全额赔偿。以盗抢险为例，如果车上零部件或附属设备被盗窃或损坏，而非全车遭盗窃，保险公司不予理赔。

第四，损失过小索赔不划算。因为在车险续保时，保险公司有一个保费优惠条款，即车辆一年未出险，第二年续保时可享受

10% 左右的保费优惠；如果连续几年没有出险记录，那么保费优惠最高能达到 30% 左右。

第五，车辆保险中对第三者的界定，应排除家人在外。

保险公司的除外责任中有这样一条规定："被保险人或其允许的驾驶人以及他们的家庭成员的人身伤亡、被保险人所有或保管的财产的损失。"汽车发生事故时的驾驶员及其家庭成员、被保险人的家庭成员是不算在第三者范围内的。汽车保险条款这样规定的目的是防范被保险人为了获取保险金而对家庭成员进行故意伤害。

第六节　房屋贷款保险

房屋抵押贷款保险，简称“房贷综合险”或“房贷险”，保险责任不仅包括抵押贷款所购房屋，还包括还款保证条款，即借款人在遭遇意外伤害导致身故或者残疾、丧失还款能力时，由保险公司偿还剩余的贷款本金。

一、房屋抵押贷款保险的内容

房屋抵押贷款保险的内容有：

（1）保险对象，即办理房屋抵押贷款的房屋所有人；

（2）保险财产，主要是抵押贷款所购的房屋，其他因装修、购置而附属于房屋的有关财产不属投保范围；

（3）保险期限，与贷款期限一致；

（4）保险金额及保险费，以所购房屋价格定额确定保险金额，保险费每年计收一次。

二、房屋抵押贷款的主要保险条款

1. 保险财产

贷款购房人通过银行按揭所购买的房屋。

2. 责任范围

由以下列明的原因引起的房屋物质损失和费用，保险公司负责赔偿：

（1）火灾；

（2）爆炸；

（3）雷电；

（4）飓风、台风、龙卷风；

（5）风暴、暴雨、洪水，但不包括正常水位变化、海水倒灌及水库、运河、堤坝在正常水位线以下的排水和渗漏；

（6）冰雹；

（7）地裂、山崩；

（8）火山爆发；

（9）地面下沉，但不包括由于打桩、地下作业及挖掘作业引起的地面下陷下沉；

（10）空中运行物坠落以及外来的建筑物和其他固定物体倒塌；

（11）水管爆裂，但不包括由于锈蚀引起的水管爆裂；

（12）借款人在遭遇意外伤害导致身故或者残疾从而丧失还款能力时，尚未偿还的剩余贷款本金。

3. 除外责任

保险公司对下列各项不负责赔偿：

（1）投保人、被保险人及其代表的故意行为和重大过失引起房屋的任何损失和费用；

（2）地震、海啸引起的损失和费用；

（3）贬值、丧失市场或使用价值等其他后果损失；

（4）战争、类似战争行为、敌对行为、武装活动、谋反、政变、罢工、暴动、民众骚乱引起的损失和费用；

（5）政府命令或任何公共当局的没收、征用、销毁和毁坏；

（6）核裂变、核武器、核材料、核辐射以及放射性污染引起的任何损失和费用；

（7）大气、土地、水污染及其他各种污染引起的各种损失和费用；

（8）保险单有关条款中规定的应由被保险人自行负担的免赔额；

（9）人为造成的损失。

4. 保险期限

与购房贷款期限相同。

5. 保险金额

保险金额为所购房屋全部的实际价值。

6. 赔偿处理

（1）如果发生保险责任范围内的损失，保险公司可选择下列方式赔偿：

- 按受损财产的价值赔偿；
- 赔付受损财产基本恢复原状的修理、修复费用；
- 修理、恢复受损财产，使之达到与同类财产基本一致的状况。

（2）受损财产的赔偿损失按当时的市价计算。市价低于保险金额时，赔偿按市价计算；市价高于保险金额时，赔偿按保险金额与市价的比例计算。

（3）保险项目发生损失后，如保险公司按全部损失赔付，其残值应在赔款中扣除。

（4）发生损失后被保险人为减少损失而采取必要的措施后产生的合理费用，保险公司予以赔偿，但本项费用以保险财产的保险金额为限。

（5）保险公司赔偿损失后，由保险公司出具批单将保险金额从损失发生之日起相应减少，并且不退还保险金额减少部分的保险费。如被保险人要求恢复至原保险金额，应按约定的保险费率加缴恢复部分从损失发生之日起至保险期限终止之日按日比例计算的保险费。

（6）被保险人的索赔期限，从损失发生之日起，不得超过两年。

三、被保险人义务

被保险人应严格履行下列义务：

（1）在投保时，被保险人及其代表应对投保申请书中列明的事项以及保险公司提出的其他事项做出真实、详尽的说明和描述。

（2）被保险人投保时一次缴清保险费。

（3）保险期限内，被保险人应采取一切合理的预防措施，包括认真考虑并付诸实施保险公司代表提出的合理的防损建议，由此产生的一切费用，均由被保险人承担。

（4）在发生引起或可能引起保险单项下索赔的损失时，被保险人及其代表应：

- 立即通知保险公司，并在5天或经保险公司书面同意延长的期限内以书面报告提供事故发生的经过、原因和损失程度；
- 采取一切必要措施防止损失进一步扩大并将损失减少到最低程度；
- 在保险公司的代表或检验师进行勘查之前，保留事故现场及有关事物证据；
- 根据保险公司的要求提供作为索赔依据的所有证明文件、资料和单据。

如果你是贷款购房，就一定要购买房屋贷款保险。

第七节 医疗保险

一、重大疾病保险

重大疾病保险是指由保险公司承保的以特定重大疾病，如恶性肿瘤、心肌梗死、脑出血等为保险对象，当被保险人患有上述疾病时，由保险公司对被保险人所支付的医疗费用给予适当补偿的商业保险行为。根据保费是否返还来划分，重大疾病保险可分为消费型重大疾病保险和返还型重大疾病保险。

1. 重大疾病保险承保的重大疾病种类

重大疾病保险所指的重大疾病主要包括：恶性肿瘤、急性心肌梗死、脑中风后遗症、冠状动脉搭桥术（或称冠状动脉旁路移植术）、重大器官移植术、造血干细胞移植术、终末期肾病（慢性肾衰竭尿毒症期）。除此几种疾病外，保险公司还可以选择保险其他重大疾病，重大疾病种类可达几十种。

2. 重大疾病保险的除外责任

因下列情形之一，导致被保险人发生疾病、达到疾病状态或进行手术的，保险公司不承担保险责任：

（1）投保人、受益人对被保险人的故意杀害、故意伤害；

（2）被保险人故意自伤、故意犯罪；

（3）被保险人主动服用、吸食或注射毒品；

（4）被保险人酒后驾驶、无合法有效驾驶执照驾驶，或驾驶无有效行驶证的机动车；

（5）被保险人感染艾滋病病毒或患艾滋病；

（6）战争、军事冲突、暴乱或武装叛乱；

（7）核爆炸、核辐射或核污染；

（8）遗传性疾病，先天性畸形、变形或染色体异常。

3. 重大疾病保险的作用和特点

（1）抵御人生重大风险。有关数据表明，人的一生罹患重大疾病的概率高达70%左右。目前重大疾病的平均治疗花费一般都在十万元，甚至几十万、上百万元（不包括康复费用和误工费用）。那么，我们靠什么来抵御重大疾病造成的巨大风险呢？

重大疾病保险所保障的重大疾病通常具有以下三个基本特征：一是病情严重，会在较长一段时间内严重影响患者及其家庭的正常工作与生活；二是治疗花费巨大，此类疾病需要进行较为复杂的药物或手术治疗，需要支付高昂的医疗费用；三是不易治愈，病程会持续较长一段时间，甚至是永久性的。

重大疾病保险给付的保险金主要有两方面的用途：一是为被

保险人支付因疾病、手术治疗所花费的高额医疗费用；二是为被保险人患病后提供经济保障，尽可能避免被保险人的家庭在经济上陷入困境。

（2）定额给付。重大疾病保险是以疾病为给付保险金条件的疾病保险，只要被保险人罹患保险条款中列出的某种重大疾病，无论是否发生医疗费用或发生多少费用，都可获得保险公司的一次性定额补偿。

比如，你投保了30万元的重大疾病保险，哪怕你只缴纳了一年的保费，只要你被确诊罹患重大疾病，保险公司就会按照投保额30万元进行理赔，而不是按照你已经缴纳的保险费进行理赔。

各家保险公司推出的重大疾病保险是有差异的：有些重大疾病保险是一次性给付，也就是说你确诊了保险合同范围内的重大疾病，保险公司一次性给付保险金，保险合同终止；还有的重大疾病保险可以多次给付，也就是说你确诊了保险合同范围内的重大疾病，保险公司支付了一次保险金后，保险合同继续有效，如果你在未来一段时间内再次确诊了重大疾病，保险公司还会再次给付保险金，甚至第三次，直到保险合同终止。当然，多次给付的保险产品价格会贵一些。对此，你要价比三家。

（3）重大疾病保险人人都适合。有的人可能会说：我有社会医疗保险，而且单位福利也不错，所以没有必要买重大疾病保险了。实际情况果真如此吗？ 我们来看看社会医疗保险的保障范围。

- 社会医疗保险只报销因疾病引起的医疗费用，因意外伤害导致的医疗费用不能报销。
- 社会医疗保险不对非工作期间发生的意外伤害和意外医疗责任进行赔付。
- 无论意外身故还是疾病身故，社会医疗保险都是没有身故赔偿的，身故后只是返还当时个人账户的金额，而且这部分的金额是很少的。
- 社会医疗保险报销或者单位报销是一个先支出再补偿的概念。这就意味着即使属于赔付范围，你也必须先支出，才能在这个基础之上报销，而且报销的数额不会大于开支总额。不在医保药品清单名录上的进口药和营养药是不能报销的。
- 社会医疗保险对医保人员的保障是“保而不包”，社会医疗保险有起付线限制，额度内的费用需要自付，住院费用和大病医疗的自付比例和金额相对都比较高。
- 社会医疗保险重在保障，支付的标准是以保障被保险人基本生活为前提，对于追求高品质的人来说是远远不够的。

所以，对于没有社会医疗保险的人来说，重大疾病保险尤其重要。而对于有社会医疗保险的人来说，重大疾病保险可作为一种必要的补充。

4. 购买重大疾病保险要注意的问题

（1）了解保险责任。你要仔细阅读保险合同中对重大疾病的定义，知道自己得到了哪些保障。重大疾病给付指被保险人被确诊为首次患有约定的重大疾病中的一种，保险公司将按照约定金额理赔。满期给付，也就是人们常说的“保费返还”，是指保险合同期限届满时，如果被保险人仍然健在，并且没有发生过重大疾病的理赔，则保险公司将给付满期保险金，保险合同终止。

（2）责任免除。责任免除是指保险公司按法律规定或合同约定，不承担保险责任的范围，责任免除条款内容会在合同中以列举方式出现，比如：自残、犯罪、吸毒、先天性疾病、艾滋病、战争、核辐射等等。在投保前，你要通读一遍这些责任免除条款，知道在哪些情况下保险公司是不承担保险责任的。

（3）保费缴纳。保险合同条款中通常会写明投保人应当以什么样的方式缴付保费、缴费的最后时限等。投保人应当按照保险合同约定及时缴费，防止保单中止或者失效。

（4）保险金的领取。一旦发生保险事故，被保险人应如何与保险公司取得联系并索赔，特别要注意应在多长时间内向保险公司提出申请，申请时应提供哪些文件等，以免自己遭受损失。

5. 购买重大疾病保险的预算

购买重大疾病保险要考虑以下几方面的因素：

第一，要衡量自身的经济状况、社会医疗保障、单位福利保障，测算出自己目前已经拥有的保障是多少。

第二，你再来假设自己不幸罹患重大疾病所需要的费用。上述费用主要包括三个部分：一是医疗费用中社会医疗保险不能报销的自费医疗费用及可报销部分中需自付的部分。社会医疗保险目前最高报销额度为 18 万元左右，1 800 元起付，大概报销比例为 70%，由此可以推算在此项费用中自己大概需要补充的金额。二是收入方面的补偿，也就是说被保险人在患病不能工作的这段时间，收入减少带来的损失。一般罹患重大疾病至少需要 1 年以上的休养时间，由此推算在此项目中自己大概需要补充一年的工资费用。三是后期疗养费用，比如吃营养品，请护工（保姆），理疗费用，等等。如果你的年收入在 10 万元左右，按照这三个花费的方面可以预估出最低需购买的重疾险保障金额为 30 万元左右。

第三，在你确定好保障金额后，再开始分析目前家庭的经济情况。一般缴纳的保险费应该在家庭年收入的 10%以内，这样就不会对家庭经济造成太大的压力。

第四，要注意各个险种的合理搭配。比如重大疾病保险和医疗保险的搭配。

6. 特种疾病保险

该险种以被保险人患特定疾病（比如癌症）为保险事故，当被保险人被确诊为患某种特定疾病时，保险人按约定的金额给付保险金。一份特种疾病保险的保险单可以仅承保某一种特定疾病，也可以承保若干种特定疾病。保险金的给付一般采用定额给付方式，保险公司按照保险金额一次性给付保险金后，保险合同终止。

保险公司推出的“防癌险”就是最常见的特种疾病保险，也可以说特种疾病保险是一种狭义的重大疾病保险。

二、商业医疗保险

商业医疗保险是指由保险公司经营的、营利性的医疗保障保险。投保人缴纳保险金，在被保险人遇到疾病时，可以从保险公司获得一定数额的医疗费用补偿。

1. 我国商业医疗保险面临的问题

商业医疗保险最突出的问题是价格高，保障程度低。虽然医疗保险的投保价格高，但经营此项业务的许多保险公司仍然不赚钱，这主要是由以下原因造成的：

第一，投保人的逆选择。所谓逆选择是指投保人在得知自己得病时才去投保，并以各种手段欺瞒保险公司的检查，投保后保险公司不得不依照保险合同条款支付其医疗费用。

第二，道德风险。道德风险是指被保险人（病人）和医生联合起来“算计”保险公司，采用小病大治、开空头医药费的方式，使保险公司支付高额费用。在有些地方，甚至出现了人不住院，只在医院虚开床位骗取保险费的现象。

2. 商业医疗保险的种类

（1）普通医疗保险。该险种是医疗保险中保险责任最广泛的一种，保险公司承担被保险人因疾病和意外伤害支出的门诊医疗费和住院医疗费。普通医疗保险一般采用团体方式投保，或者作为个人长期寿险的附加责任投保，一般采用补偿方式给付医疗保险金，并规定每次最高限额。

（2）意外伤害医疗保险。该险种负责被保险人因遭受意外伤害支出的医疗费，一般作为意外伤害保险的附加责任险。该种保险通常采用补偿方式给付医疗保险金。保险合同中不但规定保险金额，还规定治疗期限。

（3）住院医疗保险。该种保险负责被保险人因疾病或意外伤害需要住院治疗时支出的医疗费用，不负责被保险人的门诊医疗费。保险金给付既可以采用补偿给付方式，也可以采用定额给付方式。

（4）手术医疗保险。该险种属于单项医疗保险，只负责被保险人因施行手术而支出的医疗费，不论是门诊手术治疗还是住院手术治疗。手术医疗保险可以单独承保，也可以作为意外伤害保险或人寿保险的附加险投保。采用补偿方式给付的手术医疗保险，在保险合同中只规定累计保险金最高给付限额；采用定额给付的手术医疗保险，保险公司只按照被保险人施行手术的种类，定额给付医疗保险费。

3. 商业医疗保险与社会医疗保险的区别

第一，两者属性不同。商业医疗保险是保险公司运用经济补偿手段经营的一种险种，是由保险人与投保人双方按照自愿原则签订合同来实现的，保险公司可以从中营利。而社会医疗保险是国家根据宪法规定，为保护职工身体健康而设立的一种社会保障制度，是国家或地方政府通过立法方式强制执行的，不取决于个人意志，具有非营利性质。

第二，保险对象和作用不同。商业医疗保险以自然人为保险对象，其作用在于当投保人因意外伤害或疾病而支出医疗费用时，可获得一定程度的经济补偿。社会医疗保险主要以劳动者为保险对象，当劳动者因患病就医而支出医疗费用时，由社会保险部门或其委托单位给予基本补偿，有利于社会安定和维护社会公平。

第三，两者的权利与义务对等关系不同。商业医疗保险的权利与义务是建立在合同关系上，任何一个有完全民事行为能力的自然人和法人，只要与保险公司自愿签订保险合同并按照保险合同规定缴纳了保险费，其本人或成员就能获得相应的保险金给付的请求权。保险金额的多少取决于所缴纳的保险费数额的多少，即保险公司与投保人之间的权利与义务关系是一种等价交换的对等关系。而社会医疗保险的权利与义务关系建立在劳动关系上，只要劳动者履行了为社会劳动的义务，就可以享受社会医疗保险待遇，劳动者缴纳少量的保险费，就可以得到较高的保障，也就是说劳动者领取的保险给付金与其所缴纳的保险费数额并不成正比例关系，即权利与义务关系并不对等。

4. 医疗保险的特点

第一，保险费率高。

第二，规定最高保险金额。医疗保险一般规定一个最高保险金额，保险人在此限额内支付被保险人所支出的医疗费用，无论被保险人是一次还是多次治疗；但超过此限额之后，保险人就停止支付。

第三，规定医疗费用分摊。医疗费用分摊条款是医疗保险常用的条款，通常采用免赔额和比例分摊两种方式。此外，还有限额给付法和免责期限等方式。

第四，保险期间短。医疗保险通常是一年一保。

第八节　定期寿险

定期寿险是指在保险合同约定的期间内，若被保险人死亡或全残，则保险公司按照保险合同约定的保险金额给付保险金；若保险期限届满时被保险人仍然健在，则保险合同自然终止，保险公司不再承担保险责任，并且不退回投保人已经缴纳的保险费。定期寿险的保险期限有5年、10年、15年、20年，或50岁、60岁、70岁等约定年龄多项选择。定期寿险具有低保费、高保障的优点，保险金的给付将免征所得税和遗产税。

一、定期寿险的特征

1. 可更新或展期

许多5年和10年的定期寿险规定，保险单所有人拥有可以更新或展期的选择权，即在保险期限届满时可以延长保险期限，不用提供可保性证据。换而言之，就是被保险人不必进行体检，不论健康状况如何都可以将保险单展期。倘若定期寿险保单没有规定这项选择权，被保险人可能在保险期限届满时因健康状况不佳或其他原因不能再投保人寿保险，因此规定这项选择权是为了保护被保险人的利益。定期寿险的保险费率在一定时期内是不变的，但在每次展期时要根据被保险人所达到的年龄提高费率标准。

2. 可以转换成其他险种

大多数定期寿险保单具有可以转换的特征，即保单所有人具有把定期寿险保单转换为终身寿险单或两全保险单的选择权，也不必提供可保性证据。这种转换的选择权一般只允许在一个规定的转换期内行使，如只允许在50岁以前转换。大多数定期寿险保单只有少量的准备金，在转换时，保险公司把它折成一个转换值。转换的方法有两种：

（1）按照被保险人所达到的年龄转换。保险公司在转换日期出立一份终身寿险保单或两全寿险保单，新保险单的费率是根据被保险人所达到的年龄确定的。

（2）按照被保险人投保时的年龄转换。这是一种具有追溯效力的转换方法，在转换日期出立一份新的终身寿险保单或两全寿险保单的费率是根据被保险人在定期寿险保单中的投保年龄时就已取得那份保单的方式来确定的。

二、定期寿险的分类

以保险金额在整个保险期间是否发生变化为依据，可以将定期寿险分为定期定额寿险、递减定期寿险和递增定期寿险三种。

（1）定期定额寿险。大多数定期寿险属于定期定额寿险。它的死亡保险金在整个保险期间保持不变。比如，投保人投保了一份保额为 20 万元的 10 年期定额定期保单，如果被保险人在未来 10 年内死亡，且保单仍然属于有效保单，则保险公司将支付保单受益人 20 万元的死亡保险金。

（2）递减定期寿险。递减定期寿险的死亡保险金在整个保险期间逐步减少。这种类型的保单通常给出一个初始的死亡保险金，然后根据保单规定的方法逐年减少。比如，投保人购买了一份递减定期寿险，该保单第一年的死亡保险金为 10 万元，以后在每个保单周年日减少 1 万元，以此类推。递减定期寿险保单的续期保费在整个保险期间通常保持不变。

（3）递增定期寿险。递增定期寿险规定一个初始的死亡保证金，死亡保险金在整个保险期间按照约定的时间间隔逐步递增。比如，初始的死亡保险金为 20 万元，然后在整个保险期间在每个保单周年日递增 10%。递增定期寿险保费一般随保额的增加而增加，但保单所有人通常有权在任何时候固定递增定期寿险保险金额。

三、定期寿险与终身寿险的区别

定期寿险与终身寿险是按照保险期限划分的一个概念。主要区别如下：

第一，因为保险期限的区别，定期寿险和终身寿险之间的费率相差较大，终身寿险的保险费率要比定期寿险高很多。

第二，如果投保人在保险期限内退保，终身寿险可以获得相应的现金价值，而定期寿险基本上没有现金价值。

第三，如果定期寿险的被保险人在保险期间届满时仍然生存，保险合同即行终止，保险公司无给付义务，也不退还已经缴纳的保险费。也就是说，定期寿险的保险期是“人生的一个阶段”，是消费型的保险，到期后已经缴纳的保险费再也拿不回来了。终身寿险的保障期限为终身，被保险人不论因遭受意外事故还是疾病，导致身故或高残均可得到保险金给付。也就是说终身寿险可以保“一辈子”，这也是它与定期寿险最大的区别。终身寿险只要维持合同有效，保险金最终必将给付（因为人总有一天是会死亡的）。

四、定期寿险的适宜人群

对于那些刚刚参加工作的年轻人或者收入较少的人来讲，定期寿险可以让你在家庭责任最重大的时期，以很低的保费获得相对较大的保障，因此定期寿险对低收入的人群来说是一种很好的选择。

很多私人企业的老板往往将企业资产及个人资产合二为一，一旦企业老板死亡，不但会对企业经营造成巨大的经营风险，还会直接导致家庭的生活水准下降。如果企业老板投保了大额定期寿险，无疑对企业的债权人和自己的家人都是重要的保障。

对于那些有房贷的人来说，购买定期寿险也是很好的选择。定期寿险的保额可以和房屋总价相当，保险期限和还贷款期限相同就可以。一旦被保险人死亡，家人可以用死亡赔偿金来偿还贷款，避免家庭财务陷入困境。

五、定期寿险的特点

第一，保险期限固定。保险期限可以为 5 年、10 年、15 年不等。有的以达到特定年龄，比如 50 岁、 60 岁为保险期满。

第二，保险费不退还。如果保险期满，被保险人仍然生存，保险人不承担给付保险金的责任，同时不退还投保人已经缴纳的保险费。

第三，保险费低廉。保险费低廉是定期寿险的最大优点。投保定期寿险可以用较少的支出获取较大的保障。

第四，没有储蓄的性质。

六、定期寿险合同核心条款

(条款参照市场上销售的保险产品)

1. 保险责任

在本合同有效期内，若被保险人身故，保险公司给付等值于基本保险金额的身故保险金，本合同效力终止。

2. 责任免除

因下列情形之一，导致被保险人身故的，保险公司不承担给付身故保险金的责任。

（1）投保人对被保险人的故意伤害、故意杀害；

（2）被保险人故意犯罪或抗拒依法采取的刑事强制措施；

（3）被保险人自本合同成立之日起 2 年内自杀，但被保险人自杀时为无民事行为能力人的除外；

（4）被保险人主动吸食或注射毒品；

（5）被保险人酒后驾驶，无合法有效驾驶证驾驶，或者驾驶无有效行驶证的机动车；

（6）战争、军事冲突、暴乱或武装叛乱；

（7）核爆炸、核辐射或核污染。

发生上述第（1）项情形导致被保险人身故的，本合同终止，保险公司向身故保险金受益人退还本合同当时的现金价值。

发生上述其他情形导致被保险人身故的，本合同终止，保险公司向投保人退还本合同当时的现金价值。

3. 保险金的受益人

投保人或者被保险人可以指定一人或多人为身故保险金受益人。

身故保险金受益人为多人时，可以确定受益人的顺序和份额；如果没有确定份额，各个受益人按照相等份额享有受益权。

被保险人为无民事行为能力或限制民事行为能力人的，可由其监护人指定受益人。

第四章

储蓄型保险

储蓄型保险是指带有储蓄性质的人寿保险，主要包括年金保险、终身寿险、生死两全保险和理财型保险。上述四种保险按照保单收益方式的不同，还可以分为传统型、分红型和万能型，比如传统型年金保险、分红型终身寿险、万能型两全保险等等。传统型人寿保险是指保单的现金价值按照固定的利率以复利的方式来计算的。分红型保险和万能型保险是在传统型保险的基础上衍生出来的产品。目前分红型保险和万能型保险是市场上的主流险种。

第一节 分红保险

分红保险是指被保险人在获得人寿保险的同时，保险公司将实际经营的盈余，按一定比例向保险单持有人进行红利分配的人寿保险品种。

一、分红保险的红利分配方式

分红保险的红利源于人寿保险公司的“三差收益”，即死差、利差和费差。红利的分配方法主要有现金红利法和增额红利法。

1. 现金红利法

采用现金红利法，保险公司会在每个会计年度结束后，首先根据本年度的盈余，由保险公司决定当年度的可分配盈余，各保单之间按它们对总盈余的贡献大小决定保单红利。保单之间的红利分配随产品、投保年龄、性别和保单年限的不同而不同，反映了保单持有人对分红账户的贡献比率。一般情况下，保险公司通常不会把分红账户当年产生的盈余全部作为可分配盈余，而是会根据经营状况，在保证未来红利基本平稳的条件下进行分配。未被分配的盈余留存公司，用以调整未来红利分配。

在现金红利法下，保单持有人一般可以选择将红利留存公司累积生息、以现金支取红利、抵扣下一期保险费等方法来支配现金红利。对保单持有人来说，现金红利法的选择比较灵活，满足了客户对红利的多种需求。

2. 增额红利法

增额红利法以增加保单现有保险金额的形式分配红利。保单持有人只有在发生保险事故、保险期限届满或退保时才能真正拿到所分配的红利。增额红利由定期增额红利、特殊增额红利和末期红利三部分组成。

增额红利法赋予保险公司足够的灵活性对红利分配进行调整，保持每年红利水平的平稳，并以末期红利进行最终调节。由于没有现金红利流出以及对红利分配的递延增加了寿险公司的可投资资产，保险公司可以增加长期资产的投资比例，这在很大程度上增加了分红基金的投资收益，提升了保单持有人的红利收入。但是在增额红利法下，保单持有人处理红利的唯一选择就是增加保单的保险余额，并且只有在保单期满或终止时才能获得红利收入，保单持有人选择红利的灵活性较低，丧失了对红利的支配权。

二、分红保险的红利计算基础

1. 保费分红

保费分红就是现金价值分红，以投保人已经交付的保费（或现金价值）为计算基础，以应分红利率为保单分红。保费分红实际上是以投保人交付保费的多少为权重，在全部客户间分配全部的可分配红利。大多数保险公司都选择这种方式。

举例来说明，在这种方式下，投保人购买某种分红保险产品，相同保额，但缴费方式不同。

（1）趸交保单，自保单开始年度可得到较高分红，假设各年度分红利率不变，则各年度分红数额相同。

（2）期交保单，保单开始年度得到分红较少，随交费次数增加每年分红递增，假设各年度分红利率不变，则各年度分红数额等差递增。

因为期交保单缴费总额大于趸交保单，在缴完全部保费后，期交保单的分红可能高于趸交保单。

2. 保额分红

保额分红是相对于保费分红而言的，以保单投保保额为计算基础，对应分红利率为保单分红。保额分红实际上是以保单投保保额的多少为权重，在全部保单之间分配全部的可分配红利。目前，国内只有少数保险公司采用这一方式。

举例说明，在这种方式下，投保人购买某种分红保险产品，相同保额，但缴费方式不同。

（1）无论交费方式如何，每年的分红相同，假设各年度分红利率不变，则各年度分红数额也相同。

（2）只要保额相同，期交保单与趸交保单的分红相同，即不管交了多少保费，分红都一样。

三、分红保险的特点

保险费用比较高，具有确定的利益保证（预定利率）和获取红利的机会。分红是不固定的，分红水平和保险公司的经营状况有着直接关系，保险公司与客户共同承担投资风险、分享经营成果。

第二节　万能保险

万能保险简称万能险，是指可以任意支付保险费以及任意调整死亡保险金给付金额的人寿保险。也就是说，投保人支付一个最低金额的第一期保险费以后，投保人可以在任何时间支付任何金额的保险费，并且任意提高或降低死亡给付保险金额，只要保单积存的现金价值足够支付以后各期的保险费就可以了。而且，万能保险现金价值的计算有一个最低的保证利率，保证了保单的最低收益率。

一、万能保险的特点

第一,万能保险除了同传统的人寿保险一样给予被保险人生命保险保障外，还可以让投保人直接参与由保险公司为投保人建立的投资账户内资金的投资，将保单的价值与保险公司独立运作的投保人投资账户资金的业绩联系起来。投保人支付大部分保费用来购买由保险公司设立的投资账户单位，由保险公司负责账户内资金的投资，将投保人的资金投入各种投资工具上，对投资账户中的资产价值进行核算，投资收益上不封顶。

第二,万能保险具有最低的保证利率，这一点与分红保险大致相同。

第三，万能保险合同规定缴纳保费及变更保险金额均比较灵活，有较大的弹性，可充分满足客户不同时期的保障需求。既有保证的最低利率，又享有高利率带来高回报的可能性，从而对客户产生较大的吸引力。万能保险弹性的保费缴纳和可调整的保障，使它十分适合投保人进行人生终身保障的规划。

第四，万能险之“万能”，在于投保以后可根据人生不同阶段的保障需求和财力状况，调整保额、保费及缴费期，确定保障与投资的最佳比例，让有限的资金发挥最大的作用。万能保险投资与保障并存，是介于分红险与投连险之间的一种投资型寿险。

第五，万能保险所缴保费分成两部分，一部分用于保障，另一部分用于投资。保障和投资额度的调整主动权在投保人，投保人可以根据不同的需求进行调节。

二、万能保险的保障功能

在保障方面，万能保险一般提供人身保险，当被保险人身故或者全残时，就能获得保险合同规定的基本保险金额或者保单现金价值的给付。但是，一般情况下，万能保险不具有意外伤害医疗费用等方面的保障作用。

三、万能保险保费的缴纳

第一,万能保险合同通常规定收取保单管理费等费用，收取的额度在第一年最高。有的万能保险合同也规定，如果投保人能够正常缴纳续期保费，会享受一定额度的奖金，所以首年基础保费额度需要投保人考虑。

第二，对于首年趸缴保费，以后可以再追加保费的万能保险产品，投保人掌握好第一年度保费额度显得尤为重要(我们建议考虑保险合同中规定的最低保费额度)。因为追加保费，保险公司收取的费用相对比首年要低得多。如果投保人把更多的保费在第二年进行追加，享受通过保险公司进行投资带来的高收益的可能性就相对较高，这无疑对投保人是有利的。

四、万能保险与分红保险的区别

1. 有无独立的投资账户

（1）万能保险有独立的投资账户，并且具有保底利率。

（2）分红保险是根据保险公司业绩分红，具有预定利率（保底利率)，但是没有独立的投资账户。

2. 风险保费不同

（1）分红保险的风险保费采用的是均衡费率。在投保人缴费期间，保险公司每年扣除的风险保费是相同的。

（2）万能保险的风险保费采用的是自然费率。在投保人缴费期间，随着投保人年龄的增长，保险公司每年扣除的风险保费都在增加。

第三节　年金保险

年金保险是指在被保险人生存期间，保险公司按照保险合同约定的金额、方式，在约定的期限内，有规律、定期向被保险人给付保险金的保险。年金保险是以被保险人的生存为给付条件的人寿保险，由于通常采用的是按年度周期给付被保险人一定金额的方式，因此称为年金保险。年金保险非常适合人们储备养老金。

一、年金保险的主要特点

第一，被保险人要在开始领取年金之前，缴清所有保费，不能边缴保费边领年金。

第二，年金保险可以有确定的保险期限，也可以没有确定的保险期限，但均以被保险人的生存为给付条件。当被保险人死亡时，保险公司立即终止给付。

第三，投保年金保险可以使被保险人的晚年生活得到经济保障。被保险人在年轻时节约资金缴纳保费，年老之后就可以按期领取固定数额的保险金。

第四，投保年金保险非常安全可靠。因为保险公司必须按照《保险法》的规定提取责任准备金，而且有保险公司之间的责任准备金储备制度保证，即使投保人所购买年金的保险公司破产，其余保险公司仍会自动为年金购买者承担年金给付。

二、年金保险的主要险种

1. 个人养老保险

个人养老保险是个人年金保险的一种主要产品。投保人在年轻时投保年金保险，按月（年）缴纳保险费至退休日止。在投保人（被保险人）达到退休年龄次日开始领取年金，直至死亡。

年金受领者可以选择一次性给付或分期给付年金方式。如果年金受领者在达到退休年龄之前死亡，保险公司会退还积累的保险费或者现金价值。在保险合同期限内，投保人可以终止保险合同，领取退保金。

一般说来，保险公司对个人养老保险会有如下承诺：

（1）被保险人从约定养老年龄(比如60周岁)开始领取养老金，可按月领取也可按年领取，或一次性领取。对于按年领者或按月领者，养老金保证在一定年限(比如20年)给付，如果在这一期限内被保险人死亡，受益人可继续领取养老金至年限期满。

（2）如果被保险人在领取养老金一定年限后仍然生存，保险公司会每年给付按一定比例递增的养老金，直至被保险人死亡。

（3）被保险人在交费期内因意外伤害事故或因病死亡，保险公司会给付受益人死亡保险金，保险合同终止。

2. 定期年金保险

定期年金保险是指投保人在保险合同规定期限内缴纳保险费，在被保险人生存至一定时期后，被保险人依照保险合同的约定按期领取年金，直至保险合同规定期满时止的年金保险。如果被保险人在约定期内死亡，则自被保险人死亡时终止给付年金。子女教育保险就属于定期年金保险。家长（父母）作为投保人，在子女幼小时，为其投保子女教育保险，等到子女满 18 岁开始，从保险公司领取教育金作为子女读大学的费用，直至大学毕业。

3. 联合年金保险

联合年金保险是以两个或两个以上的被保险人的生命作为给付年金条件的保险。它主要有联合最后生存者年金保险以及联合生存年金保险两种类型。

（1）联合最后生存者年金保险是指同一保单中的两人或两人以上，只要还有一人生存就继续给付年金，直至全部被保险人死亡后才停止给付。它非常适合夫妇购买。由于以上特点，这种年金保险产品比起相同年龄和金额的单人年金保险产品需要缴付更多的保险费。

（2）联合生存年金保险是指两个或两个以上被保险人中只要其中一个被保险人死亡，保险公司就停止给付年金，或者将随之减少一定的给付比例。

三、年金保险的分类

1. 按照缴费方式划分

年金保险按照缴费方式不同，可分为趸缴年金与分期缴费年金。趸缴年金又称一次性缴费年金，投保人一次性缴清全部保险费，然后从保险合同约定的年金给付开始日起，受益人按期领取年金。投保人分期缴费年金是投保人在保险金给付开始日之前分期缴纳保险费直至缴清，在约定的年金给付开始日起按期由受益人领取年金。

2. 按照年金给付开始时间划分

年金保险按照年金给付开始时间划分为即期年金和延期年金。

即期年金是指在投保人缴清所有保费且保险合同成立生效后，保险公司立即按期给付保险年金的年金保险。即期年金通常采用趸缴方式缴纳保费。

延期年金是指保险合同成立生效后，投保人按照保险合同的规定缴纳全部保费，且被保险人到达一定年龄或经过一定时期后，保险公司在被保险人仍然生存的条件下开始给付年金的年金保险。

3. 按照被保险人划分

年金保险按照被保险人的不同划分为个人年金、联合最后生存者年金和联合年金。

个人年金又称单人年金，被保险人为一人，是以个人生存为给付条件的年金。

联合最后生存者年金是指两个或两个以上的被保险人中，在约定的给付开始日，至少有一个被保险人生存即给付年金，直至最后一个被保险人死亡才停止给付的年金。此种年金的投保人多为夫妻。

联合年金是指两个或两个以上的被保险人中，只要其中一个死亡则保险金给付即终止的年金，它以两个或两个以上的被保险人同时生存为给付条件。

4. 按照给付期限不同划分

年金保险按照给付期限的不同划分为定期年金、终身年金和最低保证年金。

（1）定期年金是指保险公司按照保险合同约定的给付期限给付被保险人的年金。定期年金是确定年金，只要在约定的期限内，无论被保险人是否生存，保险公司的年金给付直至年金给付期限届满。

（2）终身年金是指保险公司以被保险人死亡为终止给付保险年金的时间。也就是说，只要被保险人生存，被保险人将一直领取年金。对于长寿的被保险人，该险种最为有利。

（3）最低保证年金是为了防止被保险人过早死亡而丧失领取年金的权利而产生的年金。它有两种给付方式。

- 确定给付年金，它按照给付年度数来保证被保险人及其受益人利益，该种最低保证年金形式确定了给付的最少年数。若在规定期限内被保险人死亡，被保险人指定的受益人将继续领取年金到期限结束。

- 退还年金，它是按照年金给付的返还来保证被保险人及其受益人的利益，该种最低保证年金形式有确定给付的最少返还金额，当被保险人领取的年金总额低于最低保证金额时，保险公司以现金方式自动分期返还其差额。

5. 按照保险年金给付额是否变动划分

年金保险按照年金给付额是否变化划分为定额年金保险与变额年金保险。

定额年金保险的保险年金给付额是固定的，因此，定额年金与银行储蓄性质相似。

变额年金保险属于创新型寿险产品，通常变额年金具有独立投资账户。变额年金的年金给付额，随投资账户的资产收益变化而不同。变额年金保险有效地解决了通货膨胀对年金领取者生活状况的不利影响。

四、年金保险的本质

年金保险和死亡保险的作用正好相反。死亡保险为被保险人因过早死亡而使被保险人家庭丧失的收入提供经济保障，而年金保险则是预防被保险人因寿命过长而可能导致丧失收入来源（或耗尽积蓄）而进行的经济储备。如果一个人的寿命与他的预期寿命相同，那么他投保年金保险既未获益也未损失；如果他的寿命超过了预期寿命，那么他就获得了额外收益，其得到的额外受益主要来自没有活到预期寿命的被保险人缴纳的保险费，所以年金保险对于长寿者有利。

五、分红型养老年金保险的核心条款

（条款参照市场上销售的保险产品）

1. 投保年龄

本保险合同接受的投保年龄为 0 周岁（指出生满 28 日并且已健康出院的婴儿）至 55 周岁。

2. 保险期间

本保险合同的保险期间自本合同生效日起至被保险人年满 100 周岁的保单周年日所在的保单年度结束时止。

3. 保险金额

本保险合同的基本保险金额由投保人在投保时与保险公司约定并在保险单上载明。如果该金额发生变更，则以变更后的金额为基本保险金额。

4. 保险责任

保险责任可分为如下几种。

（1）养老保险金。投保人可以选择每年或者每月领取养老保险金。

如果投保人选择年领方式，自被保险人生存至本保险合同约定养老金领取年龄的保单周年日开始，每年到达保单周年日仍然生存，保险公司每年给付 1 次养老保险金，至被保险人年满 100 周岁的保单周年日所在的保单年度结束，并保证给付 20 年。首年给付的养老保险金按照基本保险金额的 10% 确定，每给付满 2 次递增基本保险金额的 0.5%。

如果投保人选择月领方式，自被保险人生存至本保险合同约定养老保险金领取年龄的保单周年日开始，每月到达本保险合同生效日在该月对应日仍然生存，保险公司每月给付 1 次"养老保险金"至被保险人年满 100 周岁的保单周年日所在的保单年度结束，并保证给付 20 年。每月给付的"养老保险金"按照该保单年度领取养老保险金的 9% 确定。

被保险人在保证给付期内身故，保险公司将 20 年保证给付期内应给付的养老保险金总额与已经给付金额两者的差额一次性给付，本保险合同终止。

（2）祝寿金。被保险人生存至 88 周岁的保单周年日，保险公司按照基本保险金额给付"祝寿金"。

（3）身故保险金。被保险人于本保险合同生效之日起，至约定养老保险金领取年龄的保单周年日前身故，保险公司将按照下列两者的较大值给付"身故保险金"，本保险合同终止。

- 本保险合同基本保险金额及所交保险费之和；
- 被保险人身故当时本保险合同的现金价值。

“所交保险费”按照身故当时的基本保险金额确定的年交保险费和保单年度数计算。

以上“身故保险金”中所称的基本保险金额及现金价值均不包括因红利分配产生的相关利益。

5. 保单红利

本保险合同为分红保险合同，投保人享有参与分配保险公司分红保险业务可分配盈余的权利。

在本保险合同有效期内，并且在约定的被保险人养老保险金领取年龄的保单周年日前，保险公司每年根据分红保险业务的实际经营状况确定红利分配方案。保单红利是不保证的。

如果保险公司确定本保险合同有红利分配，则该红利将于保单周年日分配给投保人，保险公司会向投保人寄送每个保单年度的分红报告，告知投保人分红的具体情况。

投保人在投保时可以选择以下任意一种红利领取方式。

（1）累积生息：红利留存在保险公司，按照保险公司每年确定的利率储存生息，并于投保人申请本保险合同终止时给付。

（2）抵交保险费：红利用于抵交下一期的应付保险费，如果抵交后仍有余额，则用于抵交以后各期的应付保险费，但该余额不计利息。交费期满后，抵交保险费方式自动变更为累积生息方式。

如果投保人在投保时未选择红利领取方式，则以累积生息方式的办理。

在本保险合同的有效期内，并且在约定的被保险人养老保险金领取年龄的保单周年日前，投保人可以变更红利的领取方式，但需要填写变更申请书并经保险公司审核同意。红利领取方式的变更不影响按照原领取方式已分配的红利。

如果在保单年度中本保险合同终止，保险公司会将上一红利派发日至本合同终止日期间的红利以现金的形式分配给投保人。

6. 保险费的支付

本保险合同的交费方式和交费期间由投保人和保险公司约定并在保险单上载明。

分期支付保险费的，在支付首期保险费后，投保人应当在保险费支付约定日支付其余各期的保险费。

分期支付保险费的，在支付首期保险费后，除本保险合同另有约定外，如果投保人到期未支付保险费，自保险费约定支付日的次日零时起 60 日为宽限期。宽限期内发生的保险事故，保险公司仍会承担保险责任，但在给付保险金时会扣减投保人欠缴的保险费。如果投保人在宽限期结束后仍未支付保险费，则本保险合同自宽限期满的次日零时起效力中止。（在保险合同效力中止期间，保险公司不承担保险责任。）

第四节　终身寿险

终身寿险是保险公司为被保险人终身提供死亡或全残保障的保险，一般到保险公司生命表的终极年龄 100 岁为止。如果被保险人在 100 岁之前死亡，保险公司将给付受益人相应的保险金；如果被保险人生存至 100 岁，保险公司则向其本人给付保险金。

一、终身寿险保险单的两种基本形式

终身寿险是提供终身保障的保险，一般到生命表的终极年龄 100 岁为止。如果被保险人生存到 100 岁，保险公司则向其本人给付保险金。终身寿险有普通终身寿险单和限期缴费终身寿险单两种基本形式。

1. 普通终身寿险保单

普通终身寿险保单是一种灵活的人寿保险单，投保人采用终身缴付保险费的方式。普通终身寿险是保险公司提供的最普通的保险产品。普通终身寿险具有下列特点：

（1）提供终身保障，若被保险人生存到 100 岁，仍可以取得保险金。

（2）终身缴费方式使年均衡保险费较低。

（3）在保险单失效时支付退保金。在保险单生效的 1 ～ 3 年内，一般不支付退保金，因为在签发保险单时保险公司支付了代理人佣金和其他费用。

（4）灵活性。普通终身寿险保单的条款允许把该保险单转换为减额的保险费缴清保险单；保险单所有人还可以用普通终身寿险保单的现金价值作为一次缴清的保险费，把该保险单变换为定期寿险保险单，或者在退休时把该保险单转换为年金保险单。

2．限期缴费终身寿险保单

限期缴费终身寿险保单是指保险费的缴清要在一定期限内完成，缴付保险费的期限可以用年数或被保险人所达到的年龄来表示，比如 10 年、20 年、30 年，或者被保险人的退休年龄。由于限期缴清保险费的终身寿险保单的缴费期短于保险期，所以这种保险单的年均衡保险费大于终身缴费的年均衡保险费的保单，但其缴费总额与终身缴费是等值的。

一方面，限期缴费的终身寿险由于具有较高的年均衡保险费，所以这种终身寿险保单不适合需要保险保障大而收入水平低的人。短期的限期缴清保险费的终身寿险适用于在短期内有很高收入的人购买，一次缴清保险费的终身寿险是其极端形式。另一方面，由于限期缴清保险费的终身寿险单能迅速地积累现金价值，该种保险单与普通终身寿险保单一样，也向保险单所有人提供不可没收现金价值、红利支付、保险单变换等选择权，同样具有灵活性。目前，国内人寿寿险公司提供的终身寿险保单多为限期缴清保险费的终身寿险保单。

二、终身寿险的特点和适用人群

终身保险是人寿保险的重要险种之一，其特点如下：

第一，终身保障；

第二，保险费是固定不变的；

第三，保险单有现金价值；

第四，保险费相对较高；

第五，由于有现金价值的积累，投保人到一定的年限时可以不用再交保险费，保单保障的额度也随现金价值的增加而增加；

第六，有确定的缴费年限，比如 10 年或 20 年保证缴清；

第七，保险单一般具有分红功能。

终身寿险适合于收入比较高、比较稳定，希望有确定的财产传承给子女的中年人士购买。

三、定期寿险和终身寿险的区别

定期寿险只提供一个确定时期的死亡保障，如果被保险人在规定期限内发生意外身故时，保险公司向受益人给付保险金。如果被保险人在保险期限届满时仍然生存，保险公司则不承担给付保险金的责任，也不退还保险金。定期寿险不具有储蓄性质。

终身寿险是一种不定期的人寿保险，为被保险人提供终身保障，即保险公司对被保险人提供保障，直至被保险人身故时终止。终身寿险以人的最终寿命为保险事故，在事故发生时，由保险人给付受益人保险金的保险。终身寿险具有储蓄性质。

简单地说，终身寿险的保单集保险（保障）和储蓄（投资）于一身，而定期寿险保单仅仅是一份保险单（纯保障）而已。

四、购买终身寿险的好处

第一，加杠杆。比如投保人 40 岁，投保 100 万保额的终身寿险，受益人是投保人的子女，缴费期限十年，每年缴费六万元。对投保人来说，最划算的就是：投保人刚交完第一年的保费就身故了，那么投保人的子女就可以从保险公司拿到 100 万的死亡保险金。

第二，数额确定。投保人投保 100 万的终身寿险，投保人的子女迟早能从保险公司拿到这 100 万，因为人肯定要死亡的。

第三，能充分体现投保人的意愿。投保人投保 100 万的终身寿险，可以选择给大儿子 60 万，小儿子 40 万，随投保人心愿。

第四，可以规避遗产税。

第五，便利性。在投保人身故后，投保人指定的受益人可以凭投保人的死亡证明、保单和受益人的身份证到保险公司领取保险金。

五、万能型终身寿险保单核心条款

（条款参照市场上销售的保险产品）

1. 保险期间

本合同的保险期间为终身，自本合同生效日起至被保险人身故时止。

2. 保险金额

（1）基本保险金额。本合同的基本保险金额由投保人在投保时与保险公司约定，并在保险单上载明。若该金额发生变更，则以变更后的金额为基本保险金额。

（2）保险金额。本合同的保险金额等于本合同当时个人账户价值的 105% 和基本保险金额两者中的较大者。

3. 保险责任

本合同有效期内，保险公司承担如下保险责任：

（1）身故保险金。若被保险人身故，保险公司按照身故当时的保险金额给付身故保险金，本合同效力终止。

（2）持续缴费特别奖金。自第 4 保单年度起，在投保人缴纳期缴纳保险费后，如果下列条件均符合，保险公司将发放持续缴费特别奖金，并计入个人账户价值。

- 本合同生效日起 3 年内的每一期应缴期缴保险费，均在其约定的缴费日期或其后的60日内缴纳；

- 以前各期期缴保险费已缴纳，并且当期应缴期缴保险费在约定的缴费日期或其后的60日内缴纳。

持续缴费特别奖金等于当期应缴保险费的2%。

追加保险费和补缴的以前各期期缴保险费均不享有持续缴费特别奖金。

4. 责任免除

因下列情形之一，导致被保险人身故的，保险公司不承担给付身故保险金的责任。

（1）投保人对被保险人故意伤害、故意杀害；

（2）被保险人故意犯罪或抗拒依法采取的刑事强制措施；

（3）被保险人自本合同成立之日起2年内自杀，但被保险人自杀时为无民事行为能力人的除外；

（4）被保险人主动吸食或注射毒品；

（5）被保险人酒后驾驶，无合法有效驾驶证驾驶，或者驾驶无有效行驶证的机动车；

（6）战争、军事冲突、暴乱或武装叛乱；

（7）核爆炸、核辐射或核污染。

发生上述第（1）项情形导致被保险人身故的，本合同终止，保险公司向身故保险金受益人退还本合同当时的现金价值。

发生上述其他情形导致被保险人身故的，本合同终止，保险公司向投保人退还本合同当时的现金价值。

如果投保人申请增加基本保险金额，并且在新增的基本保险金额生效之日起 2 年内，被保险人因为自杀导致身故，保险公司对增加的基本保险金额不承担给付保险金责任，但被保险人自杀时为无民事行为能力的除外。

5. 保险金的给付

保险公司在收到保险金给付申请书及合同约定的证明和资料后，将在 5 日内做出核定；情形复杂的，在 30 日内做出核定。对属于保险责任的，保险公司将在与受益人达成给付保险金的协议后 10 日内，履行给付保险金的义务。

保险公司未及时履行前款规定的给付义务的，除支付保险金之外，应当赔偿受益人因此遭受的损失。

对不属于保险责任的，保险公司自做出核定之日起 3 日内向受益人发出拒绝给付保险金通知书并说明理由。

保险公司在收到保险金给付申请书及有关证明和资料之日起 60 日内，对给付保险金的数额不能确定的，根据已有证明和资料可以确定的数额先予支付，保险公司最终确定给付保险金的数额后，将支付相应的差额。

6. 保险费的缴纳

本合同的保险费分为期缴保险费和追加保险费。

（1）期缴保险费。每一保单年度缴纳的期缴保险费金额由投保人和保险公司约定并在保单上载明。

投保人应当按照本合同的约定向保险公司缴纳期缴保险费。

在缴纳首期保险费后，投保人应当按照约定，在每个保险费约定缴纳日缴纳其余各期的期缴保险费。

期缴保险费的缴费期间自本合同生效日起至被保险人身故时止。

（2）追加保险费。如果下列条件均符合，投保人可以随时缴纳追加保险费：

- 约定每一保单年度缴纳的期缴保险费不低于 6 000 元；
- 以前各期和当期应缴期缴保险费均已缴纳或者已缴满 20 年期缴保险费；
- 每次缴纳的追加保险费不低于 1 000 元，并且为 500 元的整倍数。

保险公司有权改变缴纳追加保险费的条件。

7. 个人账户

保险公司正式同意承保后，将自保单生效日零时起为投保人建立个人账户。个人账户下设有两个子账户，分别为稳健型子账户和进取型子账户。

（1）个人账户。对于投保人每次缴纳的保险费，经保险公司扣除保险费的一定比例作为初始费用后，按照投保单或批注上所约定的分配比例分别计入各子账户。

（2）个人账户价值。个人账户价值为稳健型子账户价值余额和进取型子账户价值余额之和。

建立时的个人账户价值等于保险费扣除相应的初始费用后进入稳健型子账户余额和进取型子账户余额之和。

保险公司将在合同生效后的每个结算日从个人账户的各子账户中按照各子账户的价值余额比扣除当月的保障成本，如果有欠缴的保障成本及利息（按照合同条款利率计算），保险公司也同时扣除。

部分领取的个人账户价值于领取日从个人账户的各子账户中按各子账户的价值余额比扣除。

（3）个人账户价值的部分领取。在本合同有效期内，投保人在犹豫期（自签订本合同次日起 10 日内）内可以书面申请并经保险公司同意，部分领取个人账户价值。但每次申请部分领取的个人账户价值的金额以及个人账户价值余额均不得低于保险公司当时所规定的相应最低限额。

（4）子账户之间的账户价值转换。在本合同有效期内，投保人可以书面申请并经保险公司同意后，将个人子账户中各子账户之间的账户价值进行转换。

对每一保单年度的前 4 次账户价值转换，保险公司不收取手续费；对同一保单年度第 4 次以后的各次账户价值转换，保险公司每次收取手续费 20 元，手续费直接从转出的子账户价值中扣除。

第五节 生死两全保险

生死两全保险（又称混合保险）是指无论被保险人在保险期限内死亡或期满生存，都可以获得保险金的一种人寿保险。

投保人在缴纳保险费后，如果被保险人在保险有效期限内死亡，保险公司向其受益人给付保险金；如果被保险人在保险期限届满仍生存，保险公司则向本人给付保险金，保险公司在给付全额保险金后，保险合同终止。

一、生死两全保险的特点

1. 储蓄性

被保险人投保生死两全保险，既可获得保险保障，同时又参加了一种“零存整取”储蓄。被保险人可按年(月)向保险公司缴纳保险费，若遇到保险责任范围内的事故，受益人（家人）即可得到一份保障；若被保险人生存到保险期满时，则可以领到一笔生存保险金，用来养老。

2. 给付性与返还性

在生死两全保险中，无论被保险人在保险期间身故，还是保险期满时仍然生存，保险公司均要返还一笔保险金。在未返还被保险人保险金之前，投保人历年所缴纳的保险费等于以保险责任准备金的形式存放在保险公司，也就是说，投保人缴纳的保险费等于保险公司对被保险人的负债。

二、生死两全保险的重要性

生死两全保险是人寿保险中最为投保人接受的一种产品，它不但可以作为一种储蓄手段，也可为养老提供保障，还可用于为特殊的目的（遗产）积累一笔资金。现在市场上销售的各种长期寿险保险单都是在生死两全保险单基础上的变通。

三、分红型生死两全保险的核心条款

（条款参照市场上销售的保险产品）

1. 保险金额

本合同的基本保险金额由投保人在投保时与保险公司约定，并在保险单上载明。若该金额发生变更，则以变更后的金额为基本保险金额。

被保险人为未成年人时，身故给付的保险金总和不得超过国务院保险监督管理机构规定的限额。

2. 保险期间

本合同的保险期间自生效日零时起至被保险人年满 80 周岁后的首个保单周年日零时止。

3. 保险责任

（1）生存保险金给付。若被保险人于本合同生效之日起每满 1 个保单年度时仍生存，保险公司给付等值于基本保险金额 20% 的生存保险金。

（2）祝寿保险金给付。若被保险人于年满 60 周岁后的首个保单周年日零时仍生存，保险公司给付等值于基本保险金额 200% 的祝寿保险金。

（3）期满保险金给付。若被保险人于本合同保险期满时仍生存，保险公司给付等值于本合同累计已交保险费的满期保险金，本合同终止。

（4）身故给付保险金。若被保险人身故，保险公司无息退还本合同累计已交保险费，本合同效力终止。

（5）关于保险责任的说明：若生存保险金及祝寿保险金于应领取日后未领取而留存在保险公司，则按照保险公司每年确定的利率以年复利方式累积生息，并于申请领取或本合同终止时给付。

“累计已缴保险费”是指已经过保单年度数（缴费期满后为缴费年数）乘以年缴保险费。

“年缴保险费”是指按照当时基本保险金额及原投保年龄确定

的年缴保险费，其中选择购买缴清增额保险红利分配方式增加的基本保险金额对应的保险费按照购买缴清增额时的红利计算。

4. 保险金的给付

保险公司在收到保险金给付申请书及合同约定的证明和资料后，将在5日内做出核定；情形复杂的，在30日内做出核定。对属于保险责任的，保险公司将在与受益人达成给付保险金的协议后10日内，履行给付保险金的义务。

保险公司未及时履行前款规定的给付义务的，除支付保险金之外，应当赔偿受益人因此受到的损失。

对不属于保险责任的，保险公司自做出核定之日起3日内向受益人发出拒绝给付保险金通知书并说明理由。

保险公司在收到保险金给付申请书及有关证明和资料之日起60日内，对给付保险金的数额不能确定的，根据已有证明和资料可以确定的数额先予支付，保险公司最终确定给付保险金的数额后，将支付相应的差额。

5. 被保险人的失踪处理

如果被保险人在本合同有效期内失踪，而且被法院宣告死亡，保险公司以法院判决书宣告之日为准，按照本合同给付身故保险金，本合同终止。

如果被保险人在宣告死亡后重新出现或者确知其没有死亡，受益人或者其他领取保险金的人应于知道后30日内向保险公司退还已给付的保险金，本合同的效力由投保人和保险公司双方依法协商处理。

6. **保单红利**

本保险合同为分红保险合同，投保人享有参与分配保险公司分红保险业务可分配盈余的权利。

在本保险合同有效期内，并且在约定的被保险人养老保险金领取年龄的保单周年日前，保险公司每年根据分红保险业务的实际经营状况确定红利分配方案。保单红利是不保证的。

如果保险公司确定本保险合同有红利分配，则该红利将于保单周年日分配给投保人。保险公司会向投保人寄送每个保单年度的分红报告，告知投保人分红的具体情况。

投保人在投保时可以选择以下任意一种红利领取方式：

（1）累积生息。红利留存在保险公司，按照保险公司每年确定的利率储存生息，并于投保人申请本保险合同终止时给付。

（2）抵缴保险费。红利用于抵缴下一期的应付保险费，如果抵缴后仍有余额，则用于抵缴以后各期的应付保险费，但该余额不计利息。缴费期满后，抵缴保险费方式自动变更为累积生息方式。

（3）购买缴清增额保险。根据被保险人当时的年龄，将红利作为一次缴清的净保险费，增加基本保险金额。

如果投保人在投保时未选择红利领取方式，则以累积生息方式办理。

在本保险合同的有效期内，并且在约定的被保险人养老保险金领取年龄的保单周年日前，投保人可以变更红利的领取方式，但需要填写变更申请书并经保险公司审核同意。红利领取方式的变更不影响按照原领取方式已分配的红利。

如果在保单年度中本保险合同终止，保险公司会将上一红利派发日至本合同终止日期间的红利以现金的形式分配给投保人。

7. 保险费的支付

本保险合同的缴费方式和缴费期间由投保人和保险公司约定，并在保险单上载明。

分期支付保险费的，在支付首期保险费后，投保人应当在保险费支付约定日支付其余各期的保险费。

分期支付保险费的，在支付首期保险费后，除本保险合同另有约定外，如果投保人到期未支付保险费，自保险费约定支付日的次日零时起 60 日为宽限期。宽限期内发生的保险事故，保险公司仍会承担保险责任，但在给付保险金时会扣减投保人欠缴的保险费。如果投保人在宽限期结束后仍未支付保险费，则本保险合同自宽限期满的次日零时起效力中止。在保险合同效力中止期间，保险公司不承担保险责任。

第六节 教育保险

教育保险（又称教育金保险、子女教育保险）是以为子女准备教育基金为目的的保险。教育保险是储蓄性质的险种，既具有强制储蓄的作用，又具有一定的保障功能。

一、教育保险的对象

0 周岁（指出生满 28 天且已健康出院的婴儿）至 17 周岁的少儿；有些保险公司的教育保险针对的对象为出生满 30 天至 14 周岁的少儿。

二、教育保险的特点和功能

教育保险具有强制储蓄的作用。父母可以根据自己的预期和孩子未来接受教育水平的高低为子女选择险种和保险金额。一旦为子女建立了教育保险，就必须每年存入保险合同约定的金额，从而保证这个储蓄计划能够完成。

教育保险同时具有保险的保障功能，可以为投保人和被保险人提供疾病、意外伤害以及残疾等方面的保障。一旦投保人发生疾病或意外身故及残疾等风险，不能继续子女的教育金储备计划，保险公司则会豁免投保人以后应交的保险费，相当于保险公司为投保人缴纳保费，而保单原应享有的权益不变，仍然能够给子女提供以后受教育的费用。

三、教育保险的种类

目前市场上教育保险主要分为两类。

一类是纯粹的教育金保险，它能提供子女初中、高中和大学期间的教育费用，通常以附加险的形式出现。

另一类是理财型保险，其返还的保险金不仅可以作为子女上学期间的教育费用，还可以持续提供生存金。

四、投保教育保险需要注意的问题

第一，为子女投保教育保险要根据家庭的实际经济状况以及计划子女未来受教育水平的高低等因素综合考虑，能满足子女教育需要就够了，不宜买太多，以免给自己带来太大压力，造成以后不能连续缴纳保费，给家庭带来损失。

第二，通过教育保险来规划子女的教育金，越早越好，越小越合适。

第三，在为子女选择教育保险时，不要单纯只考虑其储蓄功能，也要兼顾其保障功能，可灵活利用附加险，以应对未来可能发生的疾病、伤残和死亡等风险。

第四，可以通过组合方式为子女教育金做规划。比如，你可采用“教育保险+教育储蓄+基金定投”的组合方式。

第七节　理财型保险

理财型保险是一种创新型的保险产品，也是保险公司销售的主流险种。其本质是类投资品，它的主要功能是“保钱”，适合各个年龄阶段的人购买。下面我们来介绍一下理财型保险。

一、产品特点

（1）缴费时间短。理财型保险通常缴费期限是 3 年或 5 年，而传统的储蓄型保险缴费通常是 10 年、20 年，甚至更长。

（2）返还快。理财型保险在保险合同生效的第 5 年末就开始向客户返还现金。

（3）返还时间长。大部分理财型保险产品从缴费的第 5 年末开始返还现金，一直返还到客户身故，客户可以获得伴随终身的现金流。

（4）资金二次增值。理财型保险通常“外挂”一个万能险，返还的现金可以直接进入万能险账户，万能险账户具有保底利率，客户的资金稳赚不赔，从而实现二次增值。

（5）被保险人身故，保险公司退还已交保费。

二、主要产品形态

第一种：在保险合同生效的第 5 年末，向客户返还 20% 的已缴纳保费，从第 6 年开始每年向客户返还固定的现金（保额的 20%、保额的 30%、保额的 60% 等等，不同的产品返还比例不同），直至终身。

第二种：在保险合同生效的第 5 年末和第 6 年末，各向客户返还已交保费的 10%；从第 7 年开始，每年向客户返还保额的 20%（不同产品比例不同）；在保险合同生效的第 20 年末到 24 年末（不同产品时间不同），分 5 年向客户返还全部已交保费；从第 26 年开始，每年向客户返还保额的 20% 直至终身。

第三种：在保险合同生效的第 5 年和第 6 年末，各向客户返还已交保费的 10%；从第 7 年开始，向客户每年返还保额的 30% 直至第 14 年末；第 15 年末，向客户返还保额的 100%，保险合同终止。（不同产品设计不同。）

三、理财型保险的作用

第一，强制储蓄。

第二，保全资产。客户购买理财型保险，可以让手中的资金安全地“囤下来”，避免乱投资造成的资金损失，从而实现资产保全的目的。

第三，长期投资。理财型保险是一种长期投资品，投资期限可长达 10 多年、20 多年，稳赚不赔，是客户进行长期投资的一个很好的选择。客户可以用这笔钱给自己做养老金，也可以做子女教育金和婚嫁金。万能账户中的钱可以随时支取，灵活便利。

第四，财产传承。客户可以通过购买理财型保险实现财产传承的目的。

第五章

投资型保险

投资型保险产品主要是指投资连结保险。投资连结保险是一种融保险与投资功能于一体的新型保险产品。投保人在购买保险保障的同时，可以获得其保险基金投资的选择权，享受期望的高投资回报。

投资型保险产品主要是指投资连结保险。

投资连结保险，简称投连险，也称变额寿险。投资连结保险就是保险与投资基金挂钩的保险，是指一份保险单在提供人寿保险的同时，保险单在任何时刻的价值都是根据其投资基金在当时的投资结果决定的。

一、投资连结保险的特点

投资连结保险是一种融保险与投资功能于一体的新型保险产品。投保人在购买保险保障的同时，可以获得其保险基金投资的选择权，享受期望的高投资回报。因为保险公司将投保人缴纳的保险费用于购买投资基金单位，投资基金单位价格随基金的资产表现不同而不同，投保人有选择投资基金账户的权利。

投资连结保险通常设有类货币基金账户、债券账户、FOF（基金中的基金）账户、股票账户等多个账户。每个账户的投资组合不同，投资收益率也就不同，投资风险也不同。

投资连结保险的投资账户不承诺投资回报（没有保底收益）。保险公司在收取资产管理费后，投资账户所有的投资收益和投资损失都由投保人承担。

投资连结保险充分利用专家理财的优势，投保人在获得预期高收益的同时也承担投资损失的风险。因此投资连结保险适合于具有正确的投资理念、追求资产高收益，同时又具有较高风险承受能力的投保人。

投保人的利益直接与投资回报率挂钩。投保人拥有获得所有投资利益（扣除必要的费用）的权利。当投资效果好时，投保人享有所有的回报；反之，当投资表现差时，投保人则要承担风险。因此，投保人的回报有很高的变动性和不确定性。

投资连结保险对投保人来说有更高的透明度。投保人在任何时候都可以通过电脑查询其保险单的保险成本、费用支出以及独立账户的资产价值，使投保人明明白白地投资，确保了投保人的利益。

二、投资连结保险产生的背景

20 世纪 70 年代，英国最早出现投连险并在国际上流行。当时，欧美不少经营传统固定预定利率人寿保险品种的保险公司发现，尽管在承保时把利率固定好，但以后各年投资收益的好坏却难以确定。由于市场竞争的激烈，各家保险公司往往为了吸引客户、招揽业务，将预定利率一再调高，使得保险公司经营越来越困难。于是，保险公司就将保险公司收益与个人收益连接起来，保险公司不会因为自身投资的亏损而赔付给客户一笔固定的利息，这样就将风险转嫁给了客户。从吸引客户方面来说，客户获得的收益随着保险公司投资收益增多而增多，给客户带来了获得高额投资收益的想象空间。保险公司这样做可谓一举两得：一方面转嫁了风险，另一方面吸引了客户，从而促进了保险公司的业务增长。

目前，在欧美国家，投资连结保险的销售额不断增长，一般都在销售总额的30%以上，在中国香港和东南亚地区甚至占到了销售总额的50%。

三、投资连结保险的功能

1. 保障功能

投资连结保险的保障范围、保障程度因具体产品而异。有的投资连结保险除了提供意外与疾病身故保险金、全残保险金等保障外，还有其他保障内容，如保证可保选择权和豁免保险费等。

（1）可保选择权是指投保人在保单生效后可根据实际需要，在保险合同允许的范围内增加投保一份或多份保险，且无须进行体检。

（2）豁免保险费的是指在保险期间，如被保险人因疾病或意外伤害事故丧失工作能力，可享受免交保险费的待遇，原有保险单上所有的保障内容均不受影响。

2. 投资功能

投资连结保险除了提供风险保障外，还具有很强的投资功能。

但是，投资连结保险的投资回报率是不固定的，未来投资收益具有很大的不确定性，保单现金价值将根据保险公司实际投资收益情况确定。

一方面，当保险公司投资收益较好时，投保人的资金将获得较高的投资回报；反之，保险公司投资收益不好时，投保人将承担一定的投资风险。

另一方面，由于投资连结保险取消了保单固定利率，保险公司可以制订更积极的投资策略，通过对投资资金的有效运用，使投资资金发挥更大的效率。这样投保人就有可能获得比采用固定利率的传统人寿保险更高的投资收益。

四、投资连结保险的运作方式

投资连结保险都会开设几个风险程度不同的投资账户供投保人选择。通常的投资连结保险根据不同的投资策略和风险程度开设四个账户：股票账户、基金账户、债券账户、类货币基金账户。投保人可以自行选择保险费在各个投资账户的分配比例。

1. 股票账户

股票账户中的资金主要投资于公开上市的股票。股票账户类似于股票型基金。

2. 基金账户

基金账户的资金主要用于投资各种证券投资基金。基金账户实际上是基金中的基金（FOF）。

3. 债券账户

债券账户的资金主要投资于国债、金融债和企业债。债券账户类似于债券基金。

4. 类货币基金账户

此种账户类似于货币市场基金，主要投资于短期债权、央行票据、大额存单等。

此外，投保人还可以根据自身的需要，部分领取投资账户的现金价值，从而增加保险的灵活性。

五、投资连结保险的优点和缺点

1. 对保险公司来说

优点：分散风险，保证偿付能力的稳定性；可完全解决传统人寿保险产品资产与负债不匹配的问题；拓宽服务领域，促进业务增长。

缺点：利差收益均回馈给保户，影响自身利润的增长；人力成本增加，包括培训费用增加和投资人才的引进成本增加。

2. 对投保人来说

投资连结保险的优越性体现在：

第一，保险公司依靠资金实力和专业投资人进行投资，会比个人投资来得更为稳健。个人所缴纳保费的投资收益在扣除一定费用后完全归自己所有，如果保险公司投资收益好，投保人将获得比普通的人寿保险更多的收益。

第二，保险公司经营风险的释放，本身就是对投保人保障程度的提高。

投资连结保险的缺点体现在：

第一，与普通人寿保险相比，利息不固定，有可能没有任何收益，甚至亏损。

第二，保险公司有可能会扣减收益，支付的收益不是应得的收益。因为投保人无法准确了解保险公司的经营状况。

六、投资连结保险的适宜人群

投资连结保险是一种人寿保险与投资基金相结合的产品，具有高收益、高风险的特点。投资连结保险本质上就是保险公司推出的“证券投资基金”。

1. 低收入家庭的策略

如果你的家庭收入低，固定开支占家庭收入的比重大，你应该选择有固定利率的普通人寿保险产品。因为每一分钱，对于低收入的投保人来说都很重要，没有必要冒风险。如果你不顾自己的经济实力投保了投资连结保险，你有可能没有任何收益甚至亏损。投资连结保险条款一般规定，投保后一定期限内不能退保，即本金无法及时取回，这会给收入低、固定开支多的家庭带来很大的不便。

2. 高收入家庭的策略

如果你的家庭收入高，固定开支占家庭收入的比重小，你平时又不善于投资，你就应该选择投资连结保险。因为投资连结保险可以和保险公司的投资收益挂钩，保险公司拥有专业的投资团队，资金实力雄厚，投资管理比较稳健。投保人购买投资连结保险会比自己独立投资获得更为理想的收益。当然，选择投资团队素质高、过往投资业绩好、财务状况稳定的保险公司，是投保人在投保前必须做的功课。

七、投资连结保险的核心条款

（条款参照市场上销售的保险产品）

1. 保险期间

本合同的保险期间为终身，自本保险合同生效日起至被保险人身故时止。

2. 保险金额

（1）基本保险金额。本合同的基本保险金额由投保人在投保时与保险公司约定，并在保险单上载明。投保时的基本保险金额必须符合保险公司当时的投保规定。若该金额发生变更，则以变更后的金额为基本保险金额。

（2）保险金额。本合同的保险金额等于本保险合同项下的投资单位价值总额和基本保险金额之和。

3. 保险责任

在本保险合同有效期内，保险公司承担如下保险责任：被保险人身故，保险公司按照下列两者之和给付“身故保险金”，本合同终止。

（1）被保险人身故当时的基本保险金额；

（2）收到被保险人死亡证明文件后的下一个资产评估日的本保险合同项下投资单位价值总额。

若保险公司收到被保险人死亡证明文件时，投保人支付的保险费均未进入投资账户，上述第（2）项为扣除初始费用后的保险费及其划入投资账户前产生的利息。利息按照中国人民银行公布的同期金融机构人民币活期存款基准利率计算。

4. 责任免除

因下列情形之一，导致被保险人身故的，保险公司不承担给付保险金的责任：

（1）投保人对被保险人的故意伤害、故意杀害；

（2）被保险人故意犯罪或抗拒依法采取的刑事强制措施；

（3）被保险人自本合同成立或者合同效力恢复之日起 2 年内自杀，但被保险人自杀时为无民事行为能力人的除外；

（4）被保险人主动吸食或注射毒品；

（5）被保险人酒后驾驶机动车，无合法有效驾驶证驾驶，或者驾驶无有效行驶证的机动车；

（6）战争、军事冲突、暴乱或武装叛乱；

（7）核爆炸、核辐射或核污染。

发生上述第（1）项情形导致被保险人身故的，本合同终止，保险公司向受益人退还收到被保险人死亡证明后下一个资产评估日的本保险合同的现金价值。

发生上述其他情形导致被保险人身故的，本合同终止，保险公司向投保人退还收到被保险人死亡证明后下一个资产评估日的本保险合同的现金价值。

若保险公司收到被保险人死亡证明文件时投保人支付的保险费均未进入投资账户，保险公司将退还扣除初始费用后的保险费及其划入投资账户前产生的利息。

如果投保人曾申请增加基本保险金额，若被保险人在增加的部分生效之日起 2 年内，因自杀导致身故，保险公司对该部分不承担给付保险金责任，但被保险人自杀时为无民事行为能力人的除外。

5. 保险费的缴纳

本合同的保险费分为期交保险费和追加保险费。

（1）期缴保险费。每一保单年度缴纳的期缴保险费金额由投保人和保险公司约定并在保单上载明。投保人应当按照本合同的约定向保险公司缴纳期缴保险费。在缴纳首期保险费后，投保人应当按照约定，在每个保险费约定缴纳日缴纳其余各期的期缴保险费。

（2）追加保险费。如果下列条件均符合，投保人可以随时缴纳追加保险费：

- 每一保单年度缴纳的期缴保险费不低于6 000元；
- 以前各期和当期应交期缴保险费均已缴纳；
- 每次缴纳的追加保险费须符合保险公司当时的规定。

保险公司有权改变缴纳追加保险费的条件。

（3）初始费用收取。投保人每次支付保险费后，保险公司收取保险费的一定比例作为初始费用，扣除初始费用后的保险费按照“投资单位数量确定”的约定分配进入投资账户，买入投资单位。（有初始费用比例表。）

6. 保险金的给付

保险公司在收到保险金给付申请书及合同约定的证明和资料后，将在5日内做出核定；情形复杂的，在30日内做出核定。对属于保险责任的，保险公司将在与受益人达成给付保险金的协议后10日内，履行给付保险金的义务。

保险公司未及时履行前款规定的给付义务的，除支付保险金之外，保险公司将从第 31 日起按照超过的天数赔偿受益人因此遭受的利息损失。利率按照保险公司公示的利率按单利计算，且保证不低于中国人民银行公布的同期金融机构人民币活期存款基准利率。

对不属于保险责任的，保险公司自做出核定之日起 3 日内向受益人发出拒绝给付保险金通知书并说明理由。

7. 投资账户的运作

（1）投资账户。投资账户是指我们为履行本合同的保险责任，依照国家政策和相关法律法规进行资金运作而设立的一个或多个账户。投资账户的投资组合及运作方式由保险公司决定。

投资账户的价值以投资单位计量，投资账户每年由国务院保险监督管理机构认可的独立会计师事务所进行审计。

在本合同有效期内，保险公司每年会向投保人寄送保单年度报告，告知投保人保单的具体状况。

（2）投资账户新设及变更。当市场环境改变或出现新的投资渠道时，保险公司可以设立新的投资账户；在充分保障投保人的利益并提前通知投保人的情况下，保险公司可以合并投资账户，或者合并、分解投资账户中的投资单位，投资账户价值不变。

（3）投资账户选择。投保人在投保时可以按照保险公司的规定选择一个或多个投资账户，并可约定可投保险费在各投资账户间的比例分配。

本合同有效期内，投保人可以随时向保险公司申请改变可投资保险费在投资账户间的比例分配，经保险公司同意后，自下一个保险费收到日起生效。

条款中所称“可投资保险费”包括扣除初始费用后的期缴保险费、扣除初始费用后的追加保险费及其划入投资账户前产生的利息。

（4）投资单位价格。投资账户中的投资单位价格分为买入价和卖出价。

投资单位的卖出价 = 投资账户价值 / 投资单位数

投资单位的买入价 = 投资单位的卖出价 ×（1+ 卖出差价）

本合同的买入卖出差价由保险公司决定，但不会高于 2%。

（5）投资单位的转换。本合同有效期内，投保人可以按照保险公司的规定，申请将本合同项下的投资单位从一个投资账户转到另一个投资账户。经保险公司同意后，以下一个资产评估日的投资单位价格转换投资单位。投资账户转换时，保险公司将以转出账户的投资单位卖出价卖出投资单位，在扣除投资账户转换手续费后，将所得金额以转入账户的投资单位卖出价买入相应的投资单位。

保险公司对每一保单年度的前 12 次投资账户转换不收取投资账户转换手续费；对同一保单年度 12 次以后的各次投资账户

转换，保险公司每次收取投资账户转换手续费 20 元。保险公司可以改变投资账户转换手续费的收费标准，但最高不超过每次 50 元。

本合同项下任一投资账户投资单位数必须符合保险公司当时规定的最低限额。

（6）投资账户资产管理费。在每个资产评估日，保险公司按照当时投资账户资产净值的一定比例收取投资账户的资产管理费。（收费标准一般不超过 2%。）

8. **保障成本**

保险公司对本合同承担的保险责任收取相应的保障成本。保障成本由被保险人的年龄、性别、危险保额及风险程度决定。如果根据被保险人的风险程度需要增加年保障成本的，将会在保险单上批注。

保障成本在每月扣除日，保险公司按照当日至下月扣除日前一日的实际天数收取相应的保障成本。每日的保障成本为年保障成本的 1/365。如果有欠缴的保障成本，保险公司也同时收取。保障成本按照本合同项下各个投资账户的投资价值进行分摊，以卖出投资单位的方式收取。

八、投资连结保险的特点

第一，没有最低收益保证，客户可能会亏损本金。

第二，有独立的投资账户。投资账户分为四种：类货币市场基金、债券、股票、FOF（基金中的基金），投资人可以选择不同的账户进行投资。

第三，保障功能较弱，产品设计侧重于投资。

投资连结保险的本质是保险公司推出的“公募基金”，它的投资属性远远高于保障属性。对此，投保人要有清醒的认识。

第六章

明明白白买保险

本章指出购买保险的常见误区，帮助读者明确购买保险的目的，介绍购买保险的基本原则。在此基础上，介绍了购买保险过程中可能遇到的问题及对策，具有很强的实操性和指导性。

在前面各章中，我们对保险产品进行了分类，并对各种保险产品进行了详细的介绍，下面我们来谈谈该如何购买保险产品。

一、走出购买保险的误区

保险是家庭理财中必不可少的理财工具，但是社会上对购买保险产品存在很多的误区，需要我们理性看待。

误区一：保险就是忽悠

我们不否认少数保险营销人员在推销保险产品时存在夸大产品功能和收益率的现象，误导了部分投保人。但是，保险产品绝对不是骗人的东西，而且保险公司也在不断提高从业人员的素质，忽悠的现象在逐渐减少。你绝不能因此而否认保险产品存在的价值。

误区二：保险是传销

社会上有人说，保险是传销，我觉得这是对保险的恶意诽谤。首先，传销是非法行为，而保险销售是合法行为；其次，传销的产品都是子虚乌有的产品，而保险销售的产品是经过国家保险监管部门核准的、能为客户带来价值的金融产品。因此，保险是传销的说法是完全错误的。

误区三：买保险不吉利

你要买保险，就离不开死亡、残疾、疾病、车祸等代表某种灾难的字眼，而这些字眼是你不愿意看到的。但是天有不测风云，人有旦夕祸福，你能保证这些灾难不发生在你身上吗？买保险就是用来应对这些灾难的。从某种意义上说，买保险就是买平安。

误区四：保险回报率太低，不如买股票和基金

其实很多投资连结保险的投资回报率是很高的，不比股票和基金差；而理财型保险具有的长期稳定的收益特征是其他投资品不具备的。

误区五：储蓄型保险不如银行存款收益率高

储蓄型保险和定期存款两者是不同类型的产品，不能简单进行比较。储蓄型保险产品大都有很高的死亡保障功能，这是银行储蓄不具备的；储蓄型保险的避税避债、保全资产和财产传承功能更是银行储蓄不能比拟的。储蓄型保险的强制储蓄作用，也可以很好地克服人性的弱点，使人们可以为实现特定的理财目的（养老、子女教育等）长期储备资金。

误区六：买保险只注重子女

很多家庭为子女买保险，而忽略了为家长买保险。其实，家长才是最需要投保的，因为家长是家庭的经济支柱，一旦他们因疾病、意外伤害等而丧失工作能力，减少或失去收入，家庭就会陷入财务困境。因此，家长（经济支柱）才是重点的保险对象。

误区七：我有社保，不需要商业保险

我们国家的社会养老保险保障的程度比较低，你退休后从社保领取的养老金可能仅仅够你日常基本生活的需要。而有了商业保险，你就可以从保险公司领取更多的养老金，这会为你继续过高品质的生活提供一定的保障。如果你不幸罹患重大疾病，比如癌症，社会医疗保险给你报销的部分很可能不能覆盖你的医疗成本，并且你患病期间的护理费用、营养费用、损失的工作收入，社保也是不能给你解决的，而你投保的重大疾病保险和医疗保险就能给你很高的资金补偿，让你安心治疗和休养。

误区八：我没闲钱买保险

一个人必须买保险，就如同一个人必须穿衣服一样，保险就是你财富的衣服。经济条件不好的家庭，抗风险的能力较差，更要注重保障，否则一次意外事故，就会让你倾家荡产，负债累累。你在餐厅少吃一顿饭，少买一件衣服，就可以用省下来的钱给自己买一份保障了。

二、明确自己购买保险的目的

你买保险一定是有目的的，不可能是为了买保险而买保险。所以，你买保险之前，一定要明确你的目的。下面我就列举几个买保险的目的供你参考，看看你是不是有类似的目的。

1. 防止因自己意外死亡给家庭生活造成重大影响

如果你有上述目的，那么大额的意外伤害保险和附加意外医疗保险就很适合。意外伤害保险是杠杆率最高的保险，也就是说你花小钱能买到高保障。100 万元保额的意外伤害保险只需要每年缴纳 1 600 元左右的保险费（非特殊职业）。你每年花 5 000 元左右，就能买到 300 万元保额的意外伤害保障。如果你因意外伤害事故死亡，你就能为家人留下 300 万元的保险金，你的家人就可以在你死亡后继续过着平稳的生活。意外医疗保险可以让你在受到意外伤害后获得更好的医疗保障。保险公司推出的基于互联网的交通意外伤害保险是非常便宜的，物美价廉，人人买得起。

2. 防止自己死亡后给家人留下高额债务，使家人陷入财务困境

如果你有 200 万元的房贷和 100 万元其他债务，你可以给自己买保额 400 万元（留出点儿余地）的定期寿险。定期寿险是人寿保险中最便宜的险种，无论你在保险期间内因意外伤害死亡或因疾病死亡，你的家人都可以得到 400 万元的保险金，他们可以

用得到的保险金清偿债务，从而避免陷入财务困境。当然，如果你有足够的财力，也可以给自己买保额更高的定期寿险，让家人在自己死亡后能生活得更宽裕。定期寿险虽然是人寿保险中最便宜的保险，但是比意外伤害保险要贵很多，因为意外伤害保险不包括疾病死亡的保险金给付。对此，你要考虑清楚。

3. 防止自己因患重大疾病而给家庭带来资金困难

重大疾病的治疗需要花大钱，而重大疾病保险赔付的保险金不但可以弥补自己的治疗费用，多出的保险金还可以补充一部分生活费用，这样你就可以在患病期间获得更好的医疗条件和护理条件，也不用担心家庭生活水平下降过快了。癌症是花费最多的重大疾病，保险公司为此推出的“防癌险”，也是不错的选择。

4. 为自己储备养老金

如果你想为自己储备养老金，那你就可以为自己购买以“保钱”为主的传统年金保险和理财型保险。

5. 为子女储备教育金和婚嫁金

为子女储备教育金和婚嫁金，可以购买理财型保险。

6. 死亡保障和资金保本并重

如果你买保险的目的主要考虑是风险保障，其次是缴纳的保险费能保本和小幅增值，那么你购买死亡保障高的生死两全保险就比较合适。

7. 顺利传承遗产

如果你购买保险的目的是财产传承，那么终身寿险就非常适合，它不但可以规避遗产税，还可以顺利实现你的生前意愿，把这部分遗产转移到你指定的受益人手中。此外，理财型保险也可以达到同样的目的。

8. 保全手中沉淀的资金

如果你手中有一大笔资金，在未来很长时间内没有明确的使用方向，你担心自己把握不好，盲目投资造成资金损失，那么你就可以为自己买一份大额的、以"保钱"为主的理财型保险，使这笔资金得以"保全"。如果碰到朋友来借钱，你可以冠冕堂皇地婉拒，因为退保有损失。

9. 让自己开车无忧

为了让自己开车无忧，你应该为你的座驾购买全险，而且第三者责任险最好买到 100 万元，即使出了交通事故，你基本也不用自己花钱，这样你就能安心开车了。

10. 让家庭财产安全

为了让自己住得安心，你最好购买家庭财产保险，这样即使发生了火灾、盗窃事故，保险公司也会给你补偿。

以上我列举了10种购买保险的目的，肯定不全面，仅供你在购买保险前做参考。当你明确了购买保险的目的后，就可以根据自己的需求和财力来选择保险产品了。

三、购买保险的基本原则

我认为，购买保险产品应把握以下重要方面：第一，选择保险公司；第二，选择产品；第三，选择代理人。

1. 选择保险公司

我们经常听到保险代理人讲，人寿保险公司是不会倒闭的，因此选择哪家保险公司都一样。这种说法是不对的。

我国的《保险法》第八十九条规定，经营有人寿保险业务的保险公司，除因分立、合并或者被依法撤销外，不得解散。

《保险法》第九十二条规定：经营有人寿保险业务的保险公司被依法撤销或者被依法宣告破产的，其持有的人寿保险合同及责任准备金，必须转让给其他经营有人寿保险业务的保险公司；不能同其他保险公司达成转让协议的，由国务院保险监督管理机构指定经营有人寿保险业务的保险公司接受转让。转让或者由国务院保险监督管理机构指定接受转让前款规定的人寿保险合同及责任准备金的，应当维护被保险人、受益人的合法权益。

我们从以上规定可以看出：第一，人寿保险公司是可以破产的；第二，人寿保险公司破产后的保险合同及责任准备金虽然会被其他人寿保险公司接受，但是并没有规定被保险人和受益人的权益一定不受到损失（维护合法权益不代表不受损失）。我认为，在人寿保险公司破产后，保单被其他公司接受，被保险人或者受益人的权益受到损失是大概率事件，比如现金价值减少、保额减少等等。

在遵循现有的法律规定的情况下，我认为投保人在选择保险公司时，应该尽可能选择大型保险公司和具有强大股东背景的中型保险公司，尽量回避小型保险公司，因为小型保险公司倒闭的可能性远高于大中型保险公司。选择大型保险公司会给你带来心理安全感，让你觉得踏实。国内的大型人寿保险公司有：

- 中国人寿保险股份有限公司
- 中国平安人寿保险股份有限公司
- 中国太平洋人寿保险股份有限公司
- 中国人民人寿保险股份有限公司
- 泰康人寿保险有限公司
- 新华人寿保险股份有限公司
- 太平人寿保险有限公司
- 富德生命人寿保险股份有限公司
- 华夏人寿保险股份有限公司

此外，中信保诚人寿保险公司、中美大都会人寿保险公司、友邦人寿保险公司也都是不错的选择。

我上面提到的保险公司只是给你一个参考，让你缩小选择的范围，并不代表其他保险公司的产品就不能买，因为最终的选择权是你自己的。

2. 选择产品

各大保险公司提供的产品种类都是很全面的，没有很大的差别。但是具体到某一种产品，就可能存在差异了。比如同样类型的产品，保障范围不同；同样的保障范围，价格有可能不同，有的便宜些，有的就贵些。这就需要你货比三家了。最好的方法是：针对你要购买的某一种产品，多找几家公司的保险代理人来了解，问一圈下来，你就会了解个七七八八了。你要记住，买保险比你买衣服买鞋复杂多了，因为鞋和衣服是你花了钱就能看到的，而保险是你花了钱却买回来一纸合约，所以你一定要多花点时间弄清楚你买到的那张纸上写的是什么，千万不要着急。你放心，再复杂的保险合同，只要你用心看，你就肯定能弄清楚。

记住我的话：货比三家，你会少花不少冤枉钱。

3. 选择保险代理人

投保人主要通过保险（个人）代理人来购买保险产品，保险代理人代表保险公司招揽业务，他们的佣金由保险公司支付，因此投保人不必担心保险代理人会给自己增加额外的费用。投保人首先要正确认识保险代理人的作用，其次是选择合适的保险代理人。

保险代理人的作用如下：

（1）对投保人进行死亡教育，让投保人正确面对死亡问题；

（2）说服投保人直面与死亡有关的财务问题；
（3）帮助投保人识别和评估风险，启发保险需求；
（4）根据投保人的财务状况和理财目标制订保险计划；
（5）说服投保人购买相应的保险产品；
（6）与投保人保持长期联系，提供售后服务，包括协调缴纳保险费和理赔。

选择保险代理人的几个原则如下：

（1）合法的代理资格。

（2）对保险知识有深刻理解。保险代理人应该能够把复杂的保险产品知识通俗易懂地讲给你听，并根据你的保险需求为你设计合理的保险规划。如果保险代理人自己都讲不清楚产品特点，你就别找他（她）买保险了。

（3）诚信。投保人对保险产品的理解大都没有保险代理人深刻，保险代理人如果不能如实告知相关信息，投保人的利益就很难得到保障。在购买保险产品的过程中，要特别注意保险代理人对免责条款和理赔规定的解释，以判断保险代理人的诚信。

（4）口碑。如果保险代理人有良好的口碑，你就可以增强对他（她）的信任感。

（5）持续从业时间。一个保险代理人持续的从业时间长，就意味着他（她）在保险公司继续工作的可能性要高于从业时间短的人，也意味着你的“保单”会得到他（她）的长期关照，你的“保单”成为“孤儿保单”的可能性就小。

（6）敬业精神。有敬业精神的保险代理人会为你提供长期的、周到的服务，比如定期回访、保单年检、推荐新的保险产品、协助理赔等等。

四、购买保险过程中可能遇到的问题及对策

1. 投保

投保是购买保险的第一步，填写投保单时要注意以下问题：

第一，要如实填写。如果填写投保单时，你故意隐瞒有关事实，比如健康状况、既往病史、家族病史、生活习惯、工作性质等，你未来可能面临保险公司的拒赔。

第二，受益人要明确，不要写法定。如果你填写的受益人是“法定”，那么保险事故发生后，“法定”的受益人要提供一系列的证明材料才能获得保险公司支付的保险金，手续烦琐。如果你指定两个（含两个）以上的受益人，应该写明受益顺序和各自的受益份额，这样可以避免今后的麻烦。

第三，保险金额的选择要根据自己的需求和财力。不要忘记自己的财力而选择不切合实际的“高保额”。保险代理人当然希望你选择更高的保额，高保额意味着高保费，保险代理人的佣金也会水涨船高。你的支付能力只有你最清楚，代理人是不知道的，不要为了面子盲目选择高保额。

第四，保费的支付方式也要慎重考虑。人寿保险的保费缴纳是一个长期的过程，你要对自己的保费支付能力有一个长期的考

虑，要留有余地，避免未来收入下降使自己陷入无力支付保费的困境。

第五，如果你投保的是高额的重大疾病保险，你还要通过保险公司认可医院的体检。

第六，如果你投保的是高额的以死亡为给付保险金条件的人身保险，你还要通过保险公司的有关调查，调查包括你的收入、财产、生存状况等等。

2. 首期保费的缴纳

你要知道一点，在你填写完保险单的当天或者第二天，保险公司就会从你的银行账户中将首期保费划走，而此时你的保险合同可能还未生效。对此你不必大惊小怪，保险公司大都是这么做的。如果在划账后，你的投保单核保未获得通过，保险公司会把划走的保费退还给你的。

3. 保险代理人的佣金

保险代理人的佣金是保险公司支付给保险代理人的，不需要你额外支付。当然，保险代理人的佣金是从你缴纳的保费中提取的。通常情况下，保险代理人会从你前三年或前五年缴纳的保费中提取佣金，第一年最多，以后逐年减少。对此，你不要觉得心理不平衡，因为这是保险代理人的劳动所得，是保险代理人的合法收入。社会上有些人在购买保险后会要求保险代理人返还佣金，我认为这是非常不对的。保险代理人没有工资收入，他们的全部收入来源就是佣金收入，如果保险代理人将佣金返还给你，那么他们就没有了生活来源。你想一想：一个失去生活来源的保险代理人如何能为你提供优质的服务呢？你换位思考一下：如果你在一家公司工作了一个月，发了工资后，老板要求你返还工资，你愿意吗？

4．犹豫期

你收到保险单后，会签署一张确认函，确认你收到的保险合同没有问题。在你签署确认函后 10 日内，是犹豫期，你在犹豫期内退保，保险公司会全额退还你缴纳的首期保险费，你没有任何损失。

5. 退保

如果你在犹豫期后退保，你就肯定会遭受损失了，而且损失的程度很可能超出你的想象。如果你购买的是长期缴费的分红保险，你在第一年退保，你可能只能拿回当时的现金价值，大概在保费的 30% 左右（如果是万能险，保险公司也会扣除 60% 左右的初始费用）；如果你在前三年退保，你会损失已缴纳保费的 50% 左右。我给出的是大概的比例，具体的比例会因为你购买的险种不同而不同，但是你都会遭受比较严重的损失。我们前面讲到的保险的强制储蓄作用，就是因为保险的退出成本高，让你不敢轻易退保。而你长期地、连续地缴纳保费，实际上是为自己在获得保障的同时积累了一笔财富。这一点有些类似于房贷，一旦贷款买了房，你就绝对不敢轻易断供，因为银行会将你列入“不良信用客户名单”，以后你就很难从银行获得贷款了；再者，你的房产是抵押在银行手里的，如果你长期不还款，银行会处置你的房产。面对高昂的断供成本，你必须按期偿还银行的房贷。按期偿还房贷的结果是：还款结束后，你拥有了一套属于自己的房产。从某种意义上讲，房贷也是一种强制储蓄，甚至比保险的强制储蓄性还要强，因为房贷的退出成本更高。

记住：购买了保险，你一定不要轻易退保，因为退保损失很大，这一点你在购买保险前一定要想清楚。切记！

6. 保险合同变更

如果在保险合同期间，你想变更受益人或其他内容，你要找到保险代理人或者直接到营业厅，提出书面申请。保险公司同意变更后，会签发一张批单给你，你一定要把批单和保险合同放在一起，因为批单是保险合同不可分割的组成部分。

7. 保单贷款

如果你购买的是具有储蓄性质的长期人寿保险，如两全保险、终身寿险、年金保险等，你都可以用保单进行贷款。

（1）投保人用保单贷款，要经被保险人书面同意；

（2）保单贷款的额度一般是保单现金价值的 70% ~ 80%；

（3）保单贷款的利率通常比同期银行贷款利率低；

（4）保单贷款期间内，保单依然有效；

（5）你还款时可以选择一次性偿还或分次偿还。

如果贷款期限届满，你未能偿清贷款本息，你所欠的贷款本息将构成新的保单贷款。

如果你部分偿还贷款，还款额将首先用于偿还利息，然后用于偿还本金。

如果你不能到期偿清本息，那么当贷款本息小于保单现金价值的一定比例时，保险合同终止。

记住：不到万不得已，不要用保单贷款。如果用保单贷款，千万不要用这笔钱做风险性投资，比如投资股票。

8. 在缴费期间，交不起保费怎么办

如果你购买保险时选择的是分期缴纳保险费的方式，你就要按期如数缴纳续期保费，从而保证保单的有效性。万一你遇到资金困难，缴纳不起保费，有以下几种方法可以参考：

（1）利用宽限期缓交。保费缴纳通常有60天的宽限期，你可以用这段时间作为缓冲，筹措资金缴纳保费。

（2）用现金价值垫交。有些保单具有自动垫交保费的条款，你在投保时可以选择这项功能。只要你的保单的现金价值大于应交保费的数额，就可以用现金价值自动垫交保费。

（3）保单贷款缴纳。你可以利用保单向保险公司贷款缴纳保费。

（4）办理减额缴清。你可以用保单的现金价值作为保费，一次性交清购买对应的全额的保障，这样可使你购买的原险种和保险期间不变，只是保险金额相应地减少。

（5）减少保额。减少保额就是部分退保，这样可以降低保险金额，相应地减少应缴纳的保费。

（6）利用中止与复效。你可以申请保单效力中止，但是如果在此期间发生保险事故，保险公司将不承担给付保险金的责任。你在保单中止后两年内，仍然可以向保险公司申请保单复效，重新获得保险的保障。

（7）全额退保。你可以全额退保，但是你不但要承担资金损失，还失去了保险的保障。

9. 索赔

在保险合同有效期间，如果你发生了保险事故，那么你一定要在第一时间报案，报案可以直接拨打保险公司的客户服务电话或找你的保险代理人，你要问清楚你需要准备哪些证明材料。在证明材料准备齐全后，尽快到保险公司或通过保险代理人索赔。

10. 孤儿保单

如果在你的保险合同生效期间，你的保险代理人离职了，你的保单就成了“孤儿保单”了。如果你遇到这种情况，可以拨打保险公司的客服电话，询问一下情况。通常情况下，保险公司会及时为你指派新的保险代理人来负责你的保单，你没必要担心，这丝毫不影响你保单的效力。保险代理人是一个流动性很大的职业，所以我在前面提醒过你：要选择一个资深的保险代理人。

本章我们主要讲述了购买保险的实务，告诉你如何明明白白买保险。

本书写到这里就要结束了，相信你看完这本书，对保险的基础知识、保险在家庭理财中的重要地位、各种保险产品的特点和如何购买保险产品都有了清楚的认识，你一定会大有收获的。保险是家庭理财的必需品，是家庭财富的保护伞，是你一定要买的理财产品。衷心希望拥有保险的你能过上更加安心和幸福的生活。

附则：

中华人民共和国保险法

1995 年 6 月 30 日第八届全国人民代表大会常务委员会第十四次会议通过；根据 2002 年 10 月 28 日第九届全国人民代表大会常务委员会第三十次会议第一次修正；2009 年 2 月 28 日第十一届全国人民代表大会常务委员会第七次会议第二次修订；根据 2014 年 8 月 31 日中华人民共和国第十二届全国人民代表大会常务委员会第十次会议《全国人民代表大会常务委员会关于修改〈中华人民共和国保险法〉等五部法律的决定》第三次修正；根据 2015 年 4 月 24 日中华人民共和国第十二届全国人民代表大会常务委员会第十四次会议《全国人民代表大会常务委员会关于修改〈中华人民共和国计量法〉等五部法律的决定》第四次修订，中华人民共和国主席令第 26 号公布，自公布之日起施行。

第一章　总则

第一条　为了规范保险活动，保护保险活动当事人的合法权益，加强对保险业的监督管理，维护社会经济秩序和社会公共利益，促进保险事业的健康发展，制定本法。

第二条　本法所称保险，是指投保人根据合同约定，向保险人支付保险费，保险人对于合同约定的可能发生的事故因其发生所造成的财产损失承担赔偿保险金责任，或者当被保险人死亡、伤残、疾病或者达到合同约定的年龄、期限等条件时承担给付保险金责任的商业保险行为。

第三条　在中华人民共和国境内从事保险活动，适用本法。

第四条　从事保险活动必须遵守法律、行政法规，尊重社会公德，不得损害社会公共利益。

第五条　保险活动当事人行使权利、履行义务应当遵循诚实信用原则。

第六条　保险业务由依照本法设立的保险公司以及法律、行政法规规定的其他保险组织经营，其他单位和个人不得经营保险业务。

第七条 在中华人民共和国境内的法人和其他组织需要办理境内保险的，应当向中华人民共和国境内的保险公司投保。

第八条 保险业和银行业、证券业、信托业实行分业经营、分业管理，保险公司与银行、证券、信托业务机构分别设立。国家另有规定的除外。

第九条 国务院保险监督管理机构依法对保险业实施监督管理。

国务院保险监督管理机构根据履行职责的需要设立派出机构。派出机构按照国务院保险监督管理机构的授权履行监督管理职责。

第二章 保险合同

第一节 一般规定

第十条 保险合同是投保人与保险人约定保险权利义务关系的协议。

投保人是指与保险人订立保险合同，并按照合同约定负有支付保险费义务的人。

保险人是指与投保人订立保险合同，并按照合同约定承担赔偿或者给付保险金责任的保险公司。

第十一条 订立保险合同，应当协商一致，遵循公平原则确定各方的权利和义务。

除法律、行政法规规定必须保险的外，保险合同自愿订立。

第十二条 人身保险的投保人在保险合同订立时，对被保险人应当具有保险利益。

财产保险的被保险人在保险事故发生时，对保险标的应当具有保险利益。

人身保险是以人的寿命和身体为保险标的的保险。

财产保险是以财产及其有关利益为保险标的的保险。

被保险人是指其财产或者人身受保险合同保障，享有保险金请求权的人。投保人可以为被保险人。

保险利益是指投保人或者被保险人对保险标的具有的法律上承认的利益。

第十三条 投保人提出保险要求，经保险人同意承保，保险合同成立。保险人应当及时向投保人签发保险单或者其他保险凭证。

保险单或者其他保险凭证应当载明当事人双方约定的合同内容。当事人也可以约定采用其他书面形式载明合同内容。

依法成立的保险合同，自成立时生效。投保人和保险人可以对合同的效力约定附条件或者附期限。

第十四条 保险合同成立后，投保人按照约定交付保险费，保险人按照约定的时间开始承担保险责任。

第十五条 除本法另有规定或者保险合同另有约定外，保险合同成立后，投保人可以解除合同，保险人不得解除合同。

第十六条 订立保险合同，保险人就保险标的或者被保险人的有关情况提出询问的，投保人应当如实告知。

投保人故意或者因重大过失未履行前款规定的如实告知义务，足以影响保险人决定是否同意承保或者提高保险费率的，保险人有权解除合同。

前款规定的合同解除权，自保险人知道有解除事由之日起，超过三十日不行使而消灭。自合同成立之日起超过二年的，保险人不得解除合同；发生保险事故的，保险人应当承担赔偿或者给付保险金的责任。

投保人故意不履行如实告知义务的，保险人对于合同解除前发生的保险事故，不承担赔偿或者给付保险金的责任，并不退还保险费。

投保人因重大过失未履行如实告知义务，对保险事故的发生有严重影响的，保险人对于合同解除前发生的保险事故，不承担赔偿或者给付保险金的责任，但应当退还保险费。

保险人在合同订立时已经知道投保人未如实告知的情况的，保险人不得解除合同；发生保险事故的，保险人应当承担赔偿或者给付保险金的责任。

保险事故是指保险合同约定的保险责任范围内的事故。

第十七条 订立保险合同，采用保险人提供的格式条款的，保险人向投保人提供的投保单应当附格式条款，保险人应当向投保人说明合同的内容。

对保险合同中免除保险人责任的条款，保险人在订立合同时应当在投保单、保险单或者其他保险凭证上做出足以引起投保人注意的提示，并对该条款的内容以书面或者口头形式向投保人做出明确说明；未做提示或者明确说明的，该条款不产生效力。

第十八条 保险合同应当包括下列事项：

(一)保险人的名称和住所；

(二)投保人、被保险人的姓名或者名称、住所，以及人身保险的受益人的姓名或者名称、住所；

(三)保险标的；

(四)保险责任和责任免除；

(五)保险期间和保险责任开始时间；

(六)保险金额；

(七)保险费以及支付办法；

(八)保险金赔偿或者给付办法；

(九)违约责任和争议处理；

(十)订立合同的年、月、日。

投保人和保险人可以约定与保险有关的其他事项。

受益人是指人身保险合同中由被保险人或者投保人指定的享有保险金请求权的人。投保人、被保险人可以为受益人。

保险金额是指保险人承担赔偿或者给付保险金责任的最高限额。

第十九条 采用保险人提供的格式条款订立的保险合同中的下列条款无效：

（一）免除保险人依法应承担的义务或者加重投保人、被保险人责任的；

（二）排除投保人、被保险人或者受益人依法享有的权利的。

第二十条 投保人和保险人可以协商变更合同内容。

变更保险合同的，应当由保险人在保险单或者其他保险凭证上批注或者附贴批单，或者由投保人和保险人订立变更的书面协议。

第二十一条 投保人、被保险人或者受益人知道保险事故发生后，应当及时通知保险人。故意或者因重大过失未及时通知，致使保险事故的性质、原因、损失程度等难以确定的，保险人对无法确定的部分，不承担赔偿或者给付保险金的责任，但保险人通过其他途径已经及时知道或者应当及时知道保险事故发生的除外。

第二十二条 保险事故发生后，按照保险合同请求保险人赔偿或者给付保险金时，投保人、被保险人或者受益人应当向保险人提供其所能提供的与确认保险事故的性质、原因、损失程度等有关的证明和资料。

保险人按照合同的约定，认为有关的证明和资料不完整的，应当及时一次性通知投保人、被保险人或者受益人补充提供。

第二十三条 保险人收到被保险人或者受益人的赔偿或者给付保险金的请求后，应当及时做出核定；情形复杂的，应当在三十日内做出核定，但合同另有约定的除外。保险人应当将核定结果通知被保险人或者受益人。对属于保险责任的，在与被保险人或者受益人达成赔偿或者给付保险金的协议后十日内，履行赔偿或者给付保险金义务。保险合同对赔偿或者给付保险金的期限有约定的，保险人应当按照约定履行赔偿或者给付保险金义务。

保险人未及时履行前款规定义务的，除支付保险金外，应当赔偿被保险人或者受益人因此受到的损失。

任何单位和个人不得非法干预保险人履行赔偿或者给付保险金的义务，也不得限制被保险人或者受益人取得保险金的权利。

第二十四条 保险人依照本法第二十三条的规定做出核定后，对不属于保险责任的，应当自做出核定之日起三日内向被保险人或者受益人发出拒绝赔偿或者拒绝给付保险金通知书，并说明理由。

第二十五条 保险人自收到赔偿或者给付保险金的请求和有关证明、资料之日起六十日内，对其赔偿或者给付保险金的数额不能确定的，应当根据已有证明和资料可以确定的数额先予支付；保险人最终确定赔偿或者给付保险金的数额后，应当支付相应的差额。

第二十六条 人寿保险以外的其他保险的被保险人或者受益人，向保险人请求赔偿或者给付保险金的诉讼时效期间为二年，自其知道或者应当知道保险事故发生之日起计算。

人寿保险的被保险人或者受益人向保险人请求给付保险金的诉讼时效期间为五年，自其知道或者应当知道保险事故发生之日起计算。

第二十七条 未发生保险事故，被保险人或者受益人谎称发生了保险事故，向保险人提出赔偿或者给付保险金请求的，保险人有权解除合同，并不退还保险费。

投保人、被保险人故意制造保险事故的，保险人有权解除合同，不承担赔偿或者给付保险金的责任；除本法第四十三条规定外，不退还保险费。

保险事故发生后，投保人、被保险人或者受益人以伪造、变造的有关证明、资料或者其他证据，编造虚假的事故原因或者夸大损失程度的，保险人对其虚报的部分不承担赔偿或者给付保险金的责任。

投保人、被保险人或者受益人有前三款规定行为之一，致使保险人支付保险金或者支出费用的，应当退回或者赔偿。

第二十八条 保险人将其承担的保险业务，以分保形式部分转移给其他保险人的，为再保险。

应再保险接受人的要求，再保险分出人应当将其自负责任及原保险的有关情况书面告知再保险接受人。

第二十九条 再保险接受人不得向原保险的投保人要求支付保险费。

原保险的被保险人或者受益人不得向再保险接受人提出赔偿或者给付保险金的请求。

再保险分出人不得以再保险接受人未履行再保险责任为由，拒绝履行或者迟延履行其原保险责任。

第三十条 采用保险人提供的格式条款订立的保险合同，保险人与投保人、被保险人或者受益人对合同条款有争议的，应当按照通常理解予以解释。对合同条款有两种以上解释的，人民法院或者仲裁机构应当做出有利于被保险人和受益人的解释。

第二节　人身保险合同

第三十一条　投保人对下列人员具有保险利益：

（一）本人；

（二）配偶、子女、父母；

（三）前项以外与投保人有抚养、赡养或者扶养关系的家庭其他成员、近亲属；

（四）与投保人有劳动关系的劳动者。

除前款规定外，被保险人同意投保人为其订立合同的，视为投保人对被保险人具有保险利益。

订立合同时，投保人对被保险人不具有保险利益的，合同无效。

第三十二条　投保人申报的被保险人年龄不真实，并且其真实年龄不符合合同约定的年龄限制的，保险人可以解除合同，并按照合同约定退还保险单的现金价值。保险人行使合同解除权，适用本法第十六条第三款、第六款的规定。

投保人申报的被保险人年龄不真实，致使投保人支付的保险费少于应付保险费的，保险人有权更正并要求投保人补交保险费，或者在给付保险金时按照实付保险费与应付保险费的比例支付。

投保人申报的被保险人年龄不真实，致使投保人支付的保险费多于应付保险费的，保险人应当将多收的保险费退还投保人。

第三十三条 投保人不得为无民事行为能力人投保以死亡为给付保险金条件的人身保险，保险人也不得承保。

父母为其未成年子女投保的人身保险，不受前款规定限制。但是，因被保险人死亡给付的保险金总和不得超过国务院保险监督管理机构规定的限额。

第三十四条 以死亡为给付保险金条件的合同，未经被保险人同意并认可保险金额的，合同无效。

按照以死亡为给付保险金条件的合同所签发的保险单，未经被保险人书面同意，不得转让或者质押。

父母为其未成年子女投保的人身保险，不受本条第一款规定限制。

第三十五条 投保人可以按照合同约定向保险人一次支付全部保险费或者分期支付保险费。

第三十六条 合同约定分期支付保险费，投保人支付首期保险费后，除合同另有约定外，投保人自保险人催告之日起超过三十日未支付当期保险费，或者超过约定的期限六十日未支付当期保险费的，合同效力中止，或者由保险人按照合同约定的条件减少保险金额。

被保险人在前款规定期限内发生保险事故的，保险人应当按照合同约定给付保险金，但可以扣减欠交的保险费。

第三十七条 合同效力依照本法第三十六条规定中止的，经保险人与投保人协商并达成协议，在投保人补交保险费后，合同效力恢复。但是，自合同效力中止之日起满二年双方未达成协议的，保险人有权解除合同。

保险人依照前款规定解除合同的，应当按照合同约定退还保险单的现金价值。

第三十八条 保险人对人寿保险的保险费，不得用诉讼方式要求投保人支付。

第三十九条 人身保险的受益人由被保险人或者投保人指定。

投保人指定受益人时须经被保险人同意。投保人为与其有劳动关系的劳动者投保人身保险，不得指定被保险人及其近亲属以外的人为受益人。

被保险人为无民事行为能力人或者限制民事行为能力人的，可以由其监护人指定受益人。

第四十条 被保险人或者投保人可以指定一人或者数人为受益人。

受益人为数人的，被保险人或者投保人可以确定受益顺序和受益份额；未确定受益份额的，受益人按照相等份额享有受益权。

第四十一条 被保险人或者投保人可以变更受益人并书面通知保险人。保险人收到变更受益人的书面通知后，应当在保险单或者其他保险凭证上批注或者附贴批单。

投保人变更受益人时须经被保险人同意。

第四十二条 被保险人死亡后，有下列情形之一的，保险金作为被保险人的遗产，由保险人依照《中华人民共和国继承法》的规定履行给付保险金的义务：

（一）没有指定受益人，或者受益人指定不明无法确定的；

（二）受益人先于被保险人死亡，没有其他受益人的；

（三）受益人依法丧失受益权或者放弃受益权，没有其他受益人的。

受益人与被保险人在同一事件中死亡，且不能确定死亡先后顺序的，推定受益人死亡在先。

第四十三条 投保人故意造成被保险人死亡、伤残或者疾病的，保险人不承担给付保险金的责任。投保人已交足二年以上保险费的，保险人应当按照合同约定向其他权利人退还保险单的现金价值。

受益人故意造成被保险人死亡、伤残、疾病的，或者故意杀害被保险人未遂的，该受益人丧失受益权。

第四十四条 以被保险人死亡为给付保险金条件的合同，自合同成立或者合同效力恢复之日起二年内，被保险人自杀的，保险人不承担给付保险金的责任，但被保险人自杀时为无民事行为能力人的除外。

保险人依照前款规定不承担给付保险金责任的，应当按照合同约定退还保险单的现金价值。

第四十五条 因被保险人故意犯罪或者抗拒依法采取的刑事强制措施导致其伤残或者死亡的，保险人不承担给付保险金的责任。投保人已交足二年以上保险费的，保险人应当按照合同约定退还保险单的现金价值。

第四十六条 被保险人因第三者的行为而发生死亡、伤残或者疾病等保险事故的，保险人向被保险人或者受益人给付保险金后，不享有向第三者追偿的权利，但被保险人或者受益人仍有权向第三者请求赔偿。

第四十七条 投保人解除合同的，保险人应当自收到解除合同通知之日起三十日内，按照合同约定退还保险单的现金价值。

第三节 财产保险合同

第四十八条 保险事故发生时，被保险人对保险标的不具有保险利益的，不得向保险人请求赔偿保险金。

第四十九条 保险标的转让的，保险标的的受让人承继被保险人的权利和义务。

保险标的转让的，被保险人或者受让人应当及时通知保险人，但货物运输保险合同和另有约定的合同除外。

因保险标的转让导致危险程度显著增加的，保险人自收到前款规定的通知之日起三十日内，可以按照合同约定增加保险费或者解除合同。保险人解除合同的，应当将已收取的保险费，按照合同约定扣除自保险责任开始之日起至合同解除之日止应收的部分后，退还投保人。

被保险人、受让人未履行本条第二款规定的通知义务的，因转让导致保险标的危险程度显著增加而发生的保险事故，保险人不承担赔偿保险金的责任。

第五十条 货物运输保险合同和运输工具航程保险合同，保险责任开始后，合同当事人不得解除合同。

第五十一条 被保险人应当遵守国家有关消防、安全、生产操作、劳动保护等方面的规定，维护保险标的的安全。

保险人可以按照合同约定对保险标的的安全状况进行检查，及时向投保人、被保险人提出消除不安全因素和隐患的书面建议。

投保人、被保险人未按照约定履行其对保险标的的安全应尽责任的，保险人有权要求增加保险费或者解除合同。

保险人为维护保险标的的安全，经被保险人同意，可以采取安全预防措施。

第五十二条 在合同有效期内，保险标的的危险程度显著增加的，被保险人应当按照合同约定及时通知保险人，保险人可以按照合同约定增加保险费或者解除合同。保险人解除合同的，应当将已收取的保险费，按照合同约定扣除自保险责任开始之日起至合同解除之日止应收的部分后，退还投保人。

被保险人未履行前款规定的通知义务的，因保险标的的危险程度显著增加而发生的保险事故，保险人不承担赔偿保险金的责任。

第五十三条 有下列情形之一的，除合同另有约定外，保险人应当降低保险费，并按日计算退还相应的保险费：

（一）据以确定保险费率的有关情况发生变化，保险标的的危险程度明显减少的；

（二）保险标的的保险价值明显减少的。

第五十四条 保险责任开始前，投保人要求解除合同的，应当按照合同约定向保险人支付手续费，保险人应当退还保险费。保险责任开始后，投保人要求解除合同的，保险人应当将已收取的保险费，按照合同约定扣除自保险责任开始之日起至合同解除之日止应收的部分后，退还投保人。

第五十五条 投保人和保险人约定保险标的的保险价值并在合同中载明的，保险标的发生损失时，以约定的保险价值为赔偿计算标准。

投保人和保险人未约定保险标的的保险价值的，保险标的发生损失时，以保险事故发生时保险标的的实际价值为赔偿计算标准。

保险金额不得超过保险价值。超过保险价值的，超过部分无效，保险人应当退还相应的保险费。

保险金额低于保险价值的，除合同另有约定外，保险人按照保险金额与保险价值的比例承担赔偿保险金的责任。

第五十六条 重复保险的投保人应当将重复保险的有关情况通知各保险人。

重复保险的各保险人赔偿保险金的总和不得超过保险价值。除合同另有约定外，各保险人按照其保险金额与保险金额总和的比例承担赔偿保险金的责任。

重复保险的投保人可以就保险金额总和超过保险价值的部分，请求各保险人按比例返还保险费。

重复保险是指投保人对同一保险标的、同一保险利益、同一保险事故分别与两个以上保险人订立保险合同，且保险金额总和超过保险价值的保险。

第五十七条 保险事故发生时，被保险人应当尽力采取必要的措施，防止或者减少损失。

保险事故发生后，被保险人为防止或者减少保险标的的损失所支付的必要的、合理的费用，由保险人承担；保险人所承担的费用数额在保险标的损失赔偿金额以外另行计算，最高不超过保险金额的数额。

第五十八条 保险标的发生部分损失的，自保险人赔偿之日起三十日内，投保人可以解除合同；除合同另有约定外，保险人也可以解除合同，但应当提前十五日通知投保人。

合同解除的，保险人应当将保险标的未受损失部分的保险费，按照合同约定扣除自保险责任开始之日起至合同解除之日止应收的部分后，退还投保人。

第五十九条 保险事故发生后，保险人已支付了全部保险金额，并且保险金额等于保险价值的，受损保险标的的全部权利归于保险人；保险金额低于保险价值的，保险人按照保险金额与保险价值的比例取得受损保险标的的部分权利。

第六十条 因第三者对保险标的的损害而造成保险事故的，保险人自向被保险人赔偿保险金之日起，在赔偿金额范围内代位行使被保险人对第三者请求赔偿的权利。

前款规定的保险事故发生后，被保险人已经从第三者取得损害赔偿的，保险人赔偿保险金时，可以相应扣减被保险人从第三者已取得的赔偿金额。

保险人依照本条第一款规定行使代位请求赔偿的权利，不影响被保险人就未取得赔偿的部分向第三者请求赔偿的权利。

第六十一条 保险事故发生后，保险人未赔偿保险金之前，被保险人放弃对第三者请求赔偿的权利的，保险人不承担赔偿保险金的责任。

保险人向被保险人赔偿保险金后，被保险人未经保险人同意放弃对第三者请求赔偿的权利的，该行为无效。

被保险人故意或者因重大过失致使保险人不能行使代位请求赔偿的权利的，保险人可以扣减或者要求返还相应的保险金。

第六十二条 除被保险人的家庭成员或者其组成人员故意造成本法第六十条第一款规定的保险事故外，保险人不得对被保险人的家庭成员或者其组成人员行使代位请求赔偿的权利。

第六十三条 保险人向第三者行使代位请求赔偿的权利时，被保险人应当向保险人提供必要的文件和所知道的有关情况。

第六十四条 保险人、被保险人为查明和确定保险事故的性质、原因和保险标的的损失程度所支付的必要的、合理的费用，由保险人承担。

第六十五条 保险人对责任保险的被保险人给第三者造成的损害，可以依照法律的规定或者合同的约定，直接向该第三者赔偿保险金。

责任保险的被保险人给第三者造成损害，被保险人对第三者应负的赔偿责任确定的，根据被保险人的请求，保险人应当直接向该第三者赔偿保险金。被保险人怠于请求的，第三者有权就其应获赔偿部分直接向保险人请求赔偿保险金。

责任保险的被保险人给第三者造成损害，被保险人未向该第三者赔偿的，保险人不得向被保险人赔偿保险金。

责任保险是指以被保险人对第三者依法应负的赔偿责任为保险标的的保险。

第六十六条 责任保险的被保险人因给第三者造成损害的保险事故而被提起仲裁或者诉讼的，被保险人支付的仲裁或者诉讼费用以及其他必要的、合理的费用，除合同另有约定外，由保险人承担。

第三章 保险公司

第六十七条 设立保险公司应当经国务院保险监督管理机构批准。

国务院保险监督管理机构审查保险公司的设立申请时，应当考虑保险业的发展和公平竞争的需要。

第六十八条 设立保险公司应当具备下列条件：

(一)主要股东具有持续盈利能力，信誉良好，最近三年内无重大违法违规记录，净资产不低于人民币二亿元；

(二)有符合本法和《中华人民共和国公司法》规定的章程；

（三）有符合本法规定的注册资本；

（四）有具备任职专业知识和业务工作经验的董事、监事和高级管理人员；

（五）有健全的组织机构和管理制度；

（六）有符合要求的营业场所和与经营业务有关的其他设施；

（七）法律、行政法规和国务院保险监督管理机构规定的其他条件。

第六十九条 设立保险公司，其注册资本的最低限额为人民币二亿元。

国务院保险监督管理机构根据保险公司的业务范围、经营规模，可以调整其注册资本的最低限额，但不得低于本条第一款规定的限额。

保险公司的注册资本必须为实缴货币资本。

第七十条 申请设立保险公司，应当向国务院保险监督管理机构提出书面申请，并提交下列材料：

（一）设立申请书，申请书应当载明拟设立的保险公司的名称、注册资本、业务范围等；

（二）可行性研究报告；

（三）筹建方案；

（四）投资人的营业执照或者其他背景资料，经会计师事务所审计的上一年度财务会计报告；

（五）投资人认可的筹备组负责人和拟任董事长、经理名单及本人认可证明；

（六）国务院保险监督管理机构规定的其他材料。

第七十一条 国务院保险监督管理机构应当对设立保险公司的申请进行审查，自受理之日起六个月内做出批准或者不批准筹建的决定，并书面通知申请人。决定不批准的，应当书面说明理由。

第七十二条 申请人应当自收到批准筹建通知之日起一年内完成筹建工作；筹建期间不得从事保险经营活动。

第七十三条 筹建工作完成后，申请人具备本法第六十八条规定的设立条件的，可以向国务院保险监督管理机构提出开业申请。

国务院保险监督管理机构应当自受理开业申请之日起六十日内，做出批准或者不批准开业的决定。决定批准的，颁发经营保险业务许可证；决定不批准的，应当书面通知申请人并说明理由。

第七十四条 保险公司在中华人民共和国境内设立分支机构，应当经保险监督管理机构批准。

保险公司分支机构不具有法人资格，其民事责任由保险公司承担。

第七十五条 保险公司申请设立分支机构，应当向保险监督管理机构提出书面申请，并提交下列材料：

（一）设立申请书；

（二）拟设机构三年业务发展规划和市场分析材料；

（三）拟任高级管理人员的简历及相关证明材料；

（四）国务院保险监督管理机构规定的其他材料。

第七十六条 保险监督管理机构应当对保险公司设立分支机构的申请进行审查，自受理之日起六十日内做出批准或者不批准的决定。决定批准的，颁发分支机构经营保险业务许可证；决定不批准的，应当书面通知申请人并说明理由。

第七十七条 经批准设立的保险公司及其分支机构，凭经营保险业务许可证向工商行政管理机关办理登记，领取营业执照。

第七十八条 保险公司及其分支机构自取得经营保险业务许可证之日起六个月内，无正当理由未向工商行政管理机关办理登记的，其经营保险业务许可证失效。

第七十九条 保险公司在中华人民共和国境外设立子公司、分支机构，应当经国务院保险监督管理机构批准。

第八十条 外国保险机构在中华人民共和国境内设立代表机构，应当经国务院保险监督管理机构批准。代表机构不得从事保险经营活动。

第八十一条 保险公司的董事、监事和高级管理人员，应当品行良好，熟悉与保险相关的法律、行政法规，具有履行职责所需的经营管理能力，并在任职前取得保险监督管理机构核准的任职资格。

保险公司高级管理人员的范围由国务院保险监督管理机构规定。

第八十二条 有《中华人民共和国公司法》**第一百四十六条**规定的情形或者下列情形之一的，不得担任保险公司的董事、监事、高级管理人员：

（一）因违法行为或者违纪行为被金融监督管理机构取消任职资格的金融机构的董事、监事、高级管理人员，自被取消任职资格之日起未逾五年的；

（二）因违法行为或者违纪行为被吊销执业资格的律师、注册会计师或者资产评估机构、验证机构等机构的专业人员，自被吊销执业资格之日起未逾五年的。

第八十三条 保险公司的董事、监事、高级管理人员执行公司职务时违反法律、行政法规或者公司章程的规定，给公司造成损失的，应当承担赔偿责任。

第八十四条 保险公司有下列情形之一的，应当经保险监督管理机构批准：

（一）变更名称；

（二）变更注册资本；

（三）变更公司或者分支机构的营业场所；

（四）撤销分支机构；

（五）公司分立或者合并；

（六）修改公司章程；

（七）变更出资额占有限责任公司资本总额百分之五以上的股东，或者变更持有股份有限公司股份百分之五以上的股东；

（八）国务院保险监督管理机构规定的其他情形。

第八十五条 保险公司应当聘用专业人员，建立精算报告制度和合规报告制度。

第八十六条 保险公司应当按照保险监督管理机构的规定，

报送有关报告、报表、文件和资料。

保险公司的偿付能力报告、财务会计报告、精算报告、合规报告及其他有关报告、报表、文件和资料必须如实记录保险业务事项，不得有虚假记载、误导性陈述和重大遗漏。

第八十七条 保险公司应当按照国务院保险监督管理机构的规定妥善保管业务经营活动的完整账簿、原始凭证和有关资料。

前款规定的账簿、原始凭证和有关资料的保管期限，自保险合同终止之日起计算，保险期间在一年以下的不得少于五年，保险期间超过一年的不得少于十年。

第八十八条 保险公司聘请或者解聘会计师事务所、资产评估机构、资信评级机构等中介服务机构，应当向保险监督管理机构报告；解聘会计师事务所、资产评估机构、资信评级机构等中介服务机构，应当说明理由。

第八十九条 保险公司因分立、合并需要解散，或者股东会、股东大会决议解散，或者公司章程规定的解散事由出现，经国务院保险监督管理机构批准后解散。

经营有人寿保险业务的保险公司，除因分立、合并或者被依法撤销外，不得解散。

保险公司解散，应当依法成立清算组进行清算。

第九十条 保险公司有《中华人民共和国企业破产法》第二条规定情形的，经国务院保险监督管理机构同意，保险公司或者其债权人可以依法向人民法院申请重整、和解或者破产清算；国务院保险监督管理机构也可以依法向人民法院申请对该保险公司进行重整或者破产清算。

第九十一条 破产财产在优先清偿破产费用和共益债务后，按照下列顺序清偿：

（一）所欠职工工资和医疗、伤残补助、抚恤费用，所欠应当划入职工个人账户的基本养老保险、基本医疗保险费用，以及法律、行政法规规定应当支付给职工的补偿金；

（二）赔偿或者给付保险金；

（三）保险公司欠缴的除第（一）项规定以外的社会保险费用和所欠税款；

（四）普通破产债权。

破产财产不足以清偿同一顺序的清偿要求的，按照比例分配。

破产保险公司的董事、监事和高级管理人员的工资，按照该公司职工的平均工资计算。

第九十二条 经营有人寿保险业务的保险公司被依法撤销或者被依法宣告破产的，其持有的人寿保险合同及责任准备金，必须转让给其他经营有人寿保险业务的保险公司；不能同其他保险公司达成转让协议的，由国务院保险监督管理机构指定经营有人寿保险业务的保险公司接受转让。

转让或者由国务院保险监督管理机构指定接受转让前款规定的人寿保险合同及责任准备金的，应当维护被保险人、受益人的合法权益。

第九十三条 保险公司依法终止其业务活动，应当注销其经营保险业务许可证。

第九十四条 保险公司，除本法另有规定外，适用《中华人民共和国公司法》的规定。

第四章 保险经营规则

第九十五条 保险公司的业务范围：

(一) 人身保险业务，包括人寿保险、健康保险、意外伤害保险等保险业务；

(二) 财产保险业务，包括财产损失保险、责任保险、信用保险、保证保险等保险业务；

(三) 国务院保险监督管理机构批准的与保险有关的其他业务。

保险人不得兼营人身保险业务和财产保险业务。但是，经营财产保险业务的保险公司经国务院保险监督管理机构批准，可以经营短期健康保险业务和意外伤害保险业务。

保险公司应当在国务院保险监督管理机构依法批准的业务范围内从事保险经营活动。

第九十六条 经国务院保险监督管理机构批准，保险公司可以经营本法第九十五条规定的保险业务的下列再保险业务：

(一) 分出保险；

(二) 分入保险。

第九十七条 保险公司应当按照其注册资本总额的百分之

二十提取保证金，存入国务院保险监督管理机构指定的银行，除公司清算时用于清偿债务外，不得动用。

第九十八条 保险公司应当根据保障被保险人利益、保证偿付能力的原则，提取各项责任准备金。

保险公司提取和结转责任准备金的具体办法，由国务院保险监督管理机构制定。

第九十九条 保险公司应当依法提取公积金。

第一百条 保险公司应当缴纳保险保障基金。

保险保障基金应当集中管理，并在下列情形下统筹使用：

(一) 在保险公司被撤销或者被宣告破产时，向投保人、被保险人或者受益人提供救济；

(二) 在保险公司被撤销或者被宣告破产时，向依法接受其人寿保险合同的保险公司提供救济；

(三) 国务院规定的其他情形。

保险保障基金筹集、管理和使用的具体办法，由国务院制定。

第一百零一条 保险公司应当具有与其业务规模和风险程度相适应的最低偿付能力。保险公司的认可资产减去认可负债的差额不得低于国务院保险监督管理机构规定的数额；低于规定数额的，应当按照国务院保险监督管理机构的要求采取相应措施达到规定的数额。

第一百零二条 经营财产保险业务的保险公司当年自留保险费，不得超过其实有资本金加公积金总和的四倍。

第一百零三条 保险公司对每一危险单位，即对一次保险事故可能造成的最大损失范围所承担的责任，不得超过其实有资本金加公积金总和的百分之十；超过的部分应当办理再保险。

保险公司对危险单位的划分应当符合国务院保险监督管理机构的规定。

第一百零四条 保险公司对危险单位的划分方法和巨灾风险安排方案，应当报国务院保险监督管理机构备案。

第一百零五条 保险公司应当按照国务院保险监督管理机构的规定办理再保险，并审慎选择再保险接受人。

第一百零六条 保险公司的资金运用必须稳健，遵循安全性原则。

保险公司的资金运用限于下列形式：

(一) 银行存款；

(二) 买卖债券、股票、证券投资基金份额等有价证券；

(三) 投资不动产；

(四) 国务院规定的其他资金运用形式。

保险公司资金运用的具体管理办法，由国务院保险监督管理机构依照前两款的规定制定。

第一百零七条 经国务院保险监督管理机构会同国务院证券监督管理机构批准，保险公司可以设立保险资产管理公司。

保险资产管理公司从事证券投资活动，应当遵守《中华人民共和国证券法》等法律、行政法规的规定。

保险资产管理公司的管理办法，由国务院保险监督管理机构会同国务院有关部门制定。

第一百零八条 保险公司应当按照国务院保险监督管理机构的规定，建立对关联交易的管理和信息披露制度。

第一百零九条 保险公司的控股股东、实际控制人、董事、监事、高级管理人员不得利用关联交易损害公司的利益。

第一百一十条 保险公司应当按照国务院保险监督管理机构的规定，真实、准确、完整地披露财务会计报告、风险管理状况、保险产品经营情况等重大事项。

第一百一十一条 保险公司从事保险销售的人员应当品行良好，具有保险销售所需的专业能力。保险销售人员的行为规范和管理办法，由国务院保险监督管理机构规定。

第一百一十二条 保险公司应当建立保险代理人登记管理制度，加强对保险代理人的培训和管理，不得唆使、诱导保险代理人进行违背诚信义务的活动。

第一百一十三条 保险公司及其分支机构应当依法使用经营保险业务许可证，不得转让、出租、出借经营保险业务许可证。

第一百一十四条 保险公司应当按照国务院保险监督管理机构的规定，公平、合理拟订保险条款和保险费率，不得损害投保人、被保险人和受益人的合法权益。

保险公司应当按照合同约定和本法规定，及时履行赔偿或者给付保险金义务。

第一百一十五条 保险公司开展业务，应当遵循公平竞争的原则，不得从事不正当竞争。

第一百一十六条 保险公司及其工作人员在保险业务活动中不得有下列行为：

（一）欺骗投保人、被保险人或者受益人；

（二）对投保人隐瞒与保险合同有关的重要情况；

（三）阻碍投保人履行本法规定的如实告知义务，或者诱导其不履行本法规定的如实告知义务；

（四）给予或者承诺给予投保人、被保险人、受益人保险合同约定以外的保险费回扣或者其他利益；

（五）拒不依法履行保险合同约定的赔偿或者给付保险金义务；

（六）故意编造未曾发生的保险事故、虚构保险合同或者故意夸大已经发生的保险事故的损失程度进行虚假理赔，骗取保险金或者牟取其他不正当利益；

（七）挪用、截留、侵占保险费；

（八）委托未取得合法资格的机构从事保险销售活动；

（九）利用开展保险业务为其他机构或者个人牟取不正当利益；

（十）利用保险代理人、保险经纪人或者保险评估机构，从事以虚构保险中介业务或者编造退保等方式套取费用等违法活动；

（十一）以捏造、散布虚假事实等方式损害竞争对手的商业信誉，或者以其他不正当竞争行为扰乱保险市场秩序；

（十二）泄露在业务活动中知悉的投保人、被保险人的商业秘密；

（十三）违反法律、行政法规和国务院保险监督管理机构规定的其他行为。

第五章　保险代理人和保险经纪人

第一百一十七条　保险代理人是根据保险人的委托，向保险人收取佣金，并在保险人授权的范围内代为办理保险业务的机构或者个人。

保险代理机构包括专门从事保险代理业务的保险专业代理机构和兼营保险代理业务的保险兼业代理机构。

第一百一十八条　保险经纪人是基于投保人的利益，为投保人与保险人订立保险合同提供中介服务，并依法收取佣金的机构。

第一百一十九条　保险代理机构、保险经纪人应当具备国务院保险监督管理机构规定的条件，取得保险监督管理机构颁发的经营保险代理业务许可证、保险经纪业务许可证。

第一百二十条　以公司形式设立保险专业代理机构、保险经纪人，其注册资本最低限额适用《中华人民共和国公司法》的规定。

国务院保险监督管理机构根据保险专业代理机构、保险经纪人的业务范围和经营规模，可以调整其注册资本的最低限额，但不得低于《中华人民共和国公司法》规定的限额。

保险专业代理机构、保险经纪人的注册资本或者出资额必须为实缴货币资本。

第一百二十一条　保险专业代理机构、保险经纪人的高级管理人员，应当品行良好，熟悉保险法律、行政法规，具有履行职责所需的经营管理能力，并在任职前取得保险监督管理机构核准的任职资格。

第一百二十二条 个人保险代理人、保险代理机构的代理从业人员、保险经纪人的经纪从业人员，应当品行良好，具有从事保险代理业务或者保险经纪业务所需的专业能力。

第一百二十三条 保险代理机构、保险经纪人应当有自己的经营场所，设立专门账簿记载保险代理业务、经纪业务的收支情况。

第一百二十四条 保险代理机构、保险经纪人应当按照国务院保险监督管理机构的规定缴存保证金或者投保职业责任保险。

第一百二十五条 个人保险代理人在代为办理人寿保险业务时，不得同时接受两个以上保险人的委托。

第一百二十六条 保险人委托保险代理人代为办理保险业务，应当与保险代理人签订委托代理协议，依法约定双方的权利和义务。

第一百二十七条 保险代理人根据保险人的授权代为办理保险业务的行为，由保险人承担责任。

保险代理人没有代理权、超越代理权或者代理权终止后以保险人名义订立合同，使投保人有理由相信其有代理权的，该代理行为有效。保险人可以依法追究越权的保险代理人的责任。

第一百二十八条 保险经纪人因过错给投保人、被保险人造成损失的，依法承担赔偿责任。

第一百二十九条 保险活动当事人可以委托保险公估机构等

依法设立的独立评估机构或者具有相关专业知识的人员，对保险事故进行评估和鉴定。

接受委托对保险事故进行评估和鉴定的机构和人员，应当依法、独立、客观、公正地进行评估和鉴定，任何单位和个人不得干涉。

前款规定的机构和人员，因故意或者过失给保险人或者被保险人造成损失的，依法承担赔偿责任。

第一百三十条 保险佣金只限于向保险代理人、保险经纪人支付，不得向其他人支付。

第一百三十一条 保险代理人、保险经纪人及其从业人员在办理保险业务活动中不得有下列行为：

（一）欺骗保险人、投保人、被保险人或者受益人；

（二）隐瞒与保险合同有关的重要情况；

（三）阻碍投保人履行本法规定的如实告知义务，或者诱导其不履行本法规定的如实告知义务；

（四）给予或者承诺给予投保人、被保险人或者受益人保险合同约定以外的利益；

（五）利用行政权力、职务或者职业便利以及其他不正当手段强迫、引诱或者限制投保人订立保险合同；

（六）伪造、擅自变更保险合同，或者为保险合同当事人提供虚假证明材料；

（七）挪用、截留、侵占保险费或者保险金；

（八）利用业务便利为其他机构或者个人牟取不正当利益；

（九）串通投保人、被保险人或者受益人，骗取保险金；

（十）泄露在业务活动中知悉的保险人、投保人、被保险人的商业秘密。

第一百三十二条 本法第八十六条第一款、第一百一十三条的规定，适用于保险代理机构和保险经纪人。

第六章 保险业监督管理

第一百三十三条 保险监督管理机构依照本法和国务院规定的职责，遵循依法、公开、公正的原则，对保险业实施监督管理，维护保险市场秩序，保护投保人、被保险人和受益人的合法权益。

第一百三十四条 国务院保险监督管理机构依照法律、行政法规制定并发布有关保险业监督管理的规章。

第一百三十五条 关系社会公众利益的保险险种、依法实行强制保险的险种和新开发的人寿保险险种等的保险条款和保险费率，应当报国务院保险监督管理机构批准。国务院保险监督管理机构审批时，应当遵循保护社会公众利益和防止不正当竞争的原则。其他保险险种的保险条款和保险费率，应当报保险监督管理机构备案。

保险条款和保险费率审批、备案的具体办法，由国务院保险监督管理机构依照前款规定制定。

第一百三十六条 保险公司使用的保险条款和保险费率违反法律、行政法规或者国务院保险监督管理机构的有关规定的，由保险监督管理机构责令停止使用，限期修改；情节严重的，可以在一定期限内禁止申报新的保险条款和保险费率。

第一百三十七条 国务院保险监督管理机构应当建立健全保险公司偿付能力监管体系，对保险公司的偿付能力实施监控。

第一百三十八条 对偿付能力不足的保险公司，国务院保险监督管理机构应当将其列为重点监管对象，并可以根据具体情况采取下列措施：

(一) 责令增加资本金、办理再保险；

(二) 限制业务范围；

(三) 限制向股东分红；

(四) 限制固定资产购置或者经营费用规模；

(五) 限制资金运用的形式、比例；

(六) 限制增设分支机构；

(七) 责令拍卖不良资产、转让保险业务；

(八) 限制董事、监事、高级管理人员的薪酬水平；

(九) 限制商业性广告；

(十) 责令停止接受新业务。

第一百三十九条 保险公司未依照本法规定提取或者结转各项责任准备金，或者未依照本法规定办理再保险，或者严重违反本法关于资金运用的规定的，由保险监督管理机构责令限期改正，并可以责令调整负责人及有关管理人员。

第一百四十条 保险监督管理机构依照本法第一百四十条的规定做出限期改正的决定后，保险公司逾期未改正的，国务院保险监督管理机构可以决定选派保险专业人员和指定该保险公司的有关人员组成整顿组，对公司进行整顿。

整顿决定应当载明被整顿公司的名称、整顿理由、整顿组成员和整顿期限，并予以公告。

第一百四十一条 整顿组有权监督被整顿保险公司的日常业务。被整顿公司的负责人及有关管理人员应当在整顿组的监督下行使职权。

第一百四十二条 整顿过程中，被整顿保险公司的原有业务继续进行。但是，国务院保险监督管理机构可以责令被整顿公司停止部分原有业务、停止接受新业务，调整资金运用。

第一百四十三条 被整顿保险公司经整顿已纠正其违反本法规定的行为，恢复正常经营状况的，由整顿组提出报告，经国务院保险监督管理机构批准，结束整顿，并由国务院保险监督管理机构予以公告。

第一百四十四条 保险公司有下列情形之一的，国务院保险监督管理机构可以对其实行接管：

（一）公司的偿付能力严重不足的；

（二）违反本法规定，损害社会公共利益，可能严重危及或者已经严重危及公司的偿付能力的。

被接管的保险公司的债权债务关系不因接管而变化。

第一百四十五条 接管组的组成和接管的实施办法，由国务院保险监督管理机构决定，并予以公告。

第一百四十六条 接管期限届满，国务院保险监督管理机构可以决定延长接管期限，但接管期限最长不得超过二年。

第一百四十七条 接管期限届满，被接管的保险公司已恢复正常经营能力的，由国务院保险监督管理机构决定终止接管，并予以公告。

第一百四十八条 被整顿、被接管的保险公司有《中华人民共和国企业破产法》第二条规定情形的，国务院保险监督管理机构可以依法向人民法院申请对该保险公司进行重整或者破产清算。

第一百四十九条 保险公司因违法经营被依法吊销经营保险业务许可证的，或者偿付能力低于国务院保险监督管理机构规定标准，不予撤销将严重危害保险市场秩序、损害公共利益的，由国务院保险监督管理机构予以撤销并公告，依法及时组织清算组进行清算。

第一百五十条 国务院保险监督管理机构有权要求保险公司股东、实际控制人在指定的期限内提供有关信息和资料。

第一百五十一条 保险公司的股东利用关联交易严重损害公司利益，危及公司偿付能力的，由国务院保险监督管理机构责令改正。在按照要求改正前，国务院保险监督管理机构可以限制其股东权利；拒不改正的，可以责令其转让所持的保险公司股权。

第一百五十二条 保险监督管理机构根据履行监督管理职责的需要，可以与保险公司董事、监事和高级管理人员进行监督管理谈话，要求其就公司的业务活动和风险管理的重大事项做出说明。

第一百五十三条 保险公司在整顿、接管、撤销清算期间，或者出现重大风险时，国务院保险监督管理机构可以对该公司直接负责的董事、监事、高级管理人员和其他直接责任人员采取以下措施：

（一）通知出境管理机关依法阻止其出境；

（二）申请司法机关禁止其转移、转让或者以其他方式处分财产，或者在财产上设定其他权利。

第一百五十四条 保险监督管理机构依法履行职责，可以采取下列措施：

（一）对保险公司、保险代理人、保险经纪人、保险资产管理公司、外国保险机构的代表机构进行现场检查；

（二）进入涉嫌违法行为发生场所调查取证；

（三）询问当事人及与被调查事件有关的单位和个人，要求其对与被调查事件有关的事项做出说明；

（四）查阅、复制与被调查事件有关的财产权登记等资料；

（五）查阅、复制保险公司、保险代理人、保险经纪人、保险资产管理公司、外国保险机构的代表机构以及与被调查事件有关的单位和个人的财务会计资料及其他相关文件和资料；对可能被转移、隐匿或者毁损的文件和资料予以封存；

（六）查询涉嫌违法经营的保险公司、保险代理人、保险经纪人、保险资产管理公司、外国保险机构的代表机构以及与涉嫌违法事项有关的单位和个人的银行账户；

（七）对有证据证明已经或者可能转移、隐匿违法资金等涉案财产或者隐匿、伪造、毁损重要证据的，经保险监督管理机构主要负责人批准，申请人民法院予以冻结或者查封。

保险监督管理机构采取前款第（一）项、第（二）项、第（五）项措施的，应当经保险监督管理机构负责人批准；采取第（六）项措施的，应当经国务院保险监督管理机构负责人批准。

保险监督管理机构依法进行监督检查或者调查，其监督检查、调查的人员不得少于二人，并应当出示合法证件和监督检查、调查通知书；监督检查、调查的人员少于二人或者未出示合法证件和监督检查、调查通知书的，被检查、调查的单位和个人有权拒绝。

第一百五十五条 保险监督管理机构依法履行职责，被检查、调查的单位和个人应当配合。

第一百五十六条 保险监督管理机构工作人员应当忠于职守，依法办事，公正廉洁，不得利用职务便利牟取不正当利益，不得泄露所知悉的有关单位和个人的商业秘密。

第一百五十七条 国务院保险监督管理机构应当与中国人民银行、国务院其他金融监督管理机构建立监督管理信息共享机制。

保险监督管理机构依法履行职责，进行监督检查、调查时，有关部门应当予以配合。

第七章 法律责任

第一百五十八条 违反本法规定，擅自设立保险公司、保险资产管理公司或者非法经营商业保险业务的，由保险监督管理机构予以取缔，没收违法所得，并处违法所得一倍以上五倍以下的罚款；没有违法所得或者违法所得不足二十万元的，处二十万元以上一百万元以下的罚款。

第一百五十九条 违反本法规定，擅自设立保险专业代理机构、保险经纪人，或者未取得经营保险代理业务许可证、保险经纪业务许可证从事保险代理业务、保险经纪业务的，由保险监督管理机构予以取缔，没收违法所得，并处违法所得一倍以上五倍以下的罚款；没有违法所得或者违法所得不足五万元的，处五万元以上三十万元以下的罚款。

第一百六十条 保险公司违反本法规定，超出批准的业务范围经营的，由保险监督管理机构责令限期改正，没收违法所得，并处违法所得一倍以上五倍以下的罚款；没有违法所得或者违法所得不足十万元的，处十万元以上五十万元以下的罚款。逾期不改正或者造成严重后果的，责令停业整顿或者吊销业务许可证。

第一百六十一条 保险公司有本法第一百一十六条规定行为之一的，由保险监督管理机构责令改正，处五万元以上三十万元以下的罚款；情节严重的，限制其业务范围、责令停止接受新业务或者吊销业务许可证。

第一百六十二条 保险公司违反本法第八十四条规定的，由保险监督管理机构责令改正，处一万元以上十万元以下的罚款。

第一百六十三条 保险公司违反本法规定，有下列行为之一的，由保险监督管理机构责令改正，处五万元以上三十万元以下的罚款：

（一）超额承保，情节严重的；

（二）为无民事行为能力人承保以死亡为给付保险金条件的保险的。

第一百六十四条 违反本法规定，有下列行为之一的，由保险监督管理机构责令改正，处五万元以上三十万元以下的罚款；情节严重的，可以限制其业务范围、责令停止接受新业务或者吊销业务许可证：

（一）未按照规定提存保证金或者违反规定动用保证金的；

（二）未按照规定提取或者结转各项责任准备金的；

（三）未按照规定缴纳保险保障基金或者提取公积金的；

（四）未按照规定办理再保险的；

（五）未按照规定运用保险公司资金的；

（六）未经批准设立分支机构的；

（七）未按照规定申请批准保险条款、保险费率的。

第一百六十五条 保险代理机构、保险经纪人有本法第一百三十一条规定行为之一的，由保险监督管理机构责令改正，处五万元以上三十万元以下的罚款；情节严重的，吊销业务许可证。

第一百六十六条 保险代理机构、保险经纪人违反本法规定，有下列行为之一的，由保险监督管理机构责令改正，处二万元以上十万元以下的罚款；情节严重的，责令停业整顿或者吊销业务许可证：

（一）未按照规定缴存保证金或者投保职业责任保险的；

（二）未按照规定设立专门账簿记载业务收支情况的。

第一百六十七条 违反本法规定，聘任不具有任职资格的人员的，由保险监督管理机构责令改正，处二万元以上十万元以下的罚款。

第一百六十八条 违反本法规定，转让、出租、出借业务许可证的，由保险监督管理机构处一万元以上十万元以下的罚款；情节严重的，责令停业整顿或者吊销业务许可证。

第一百六十九条 违反本法规定，有下列行为之一的，由保险监督管理机构责令限期改正；逾期不改正的，处一万元以上十万元以下的罚款：

（一）未按照规定报送或者保管报告、报表、文件、资料的，或者未按照规定提供有关信息、资料的；

（二）未按照规定报送保险条款、保险费率备案的；

（三）未按照规定披露信息的。

第一百七十条 违反本法规定，有下列行为之一的，由保险监督管理机构责令改正，处十万元以上五十万元以下的罚款；情节严重的，可以限制其业务范围、责令停止接受新业务或者吊销业务许可证：

(一)编制或者提供虚假的报告、报表、文件、资料的；

(二)拒绝或者妨碍依法监督检查的；

(三)未按照规定使用经批准或者备案的保险条款、保险费率的。

第一百七十一条 保险公司、保险资产管理公司、保险专业代理机构、保险经纪人违反本法规定的，保险监督管理机构除分别依照本法第一百六十条至第一百七十条的规定对该单位给予处罚外，对其直接负责的主管人员和其他直接责任人员给予警告，并处一万元以上十万元以下的罚款；情节严重的，撤销任职资格。

第一百七十二条 个人保险代理人违反本法规定的，由保险监督管理机构给予警告，可以并处二万元以下的罚款；情节严重的，处二万元以上十万元以下的罚款。

第一百七十三条 外国保险机构未经国务院保险监督管理机构批准，擅自在中华人民共和国境内设立代表机构的，由国务院保险监督管理机构予以取缔，处五万元以上三十万元以下的罚款。

外国保险机构在中华人民共和国境内设立的代表机构从事保险经营活动的，由保险监督管理机构责令改正，没收违法所得，并处违法所得一倍以上五倍以下的罚款；没有违法所得或者违法所得不足二十万元的，处二十万元以上一百万元以下的罚款；对其首席代表可以责令撤换；情节严重的，撤销其代表机构。

第一百七十四条 投保人、被保险人或者受益人有下列行为之一，进行保险诈骗活动，尚不构成犯罪的，依法给予行政处罚：

（一）投保人故意虚构保险标的，骗取保险金的；

（二）编造未曾发生的保险事故，或者编造虚假的事故原因或者夸大损失程度，骗取保险金的；

（三）故意造成保险事故，骗取保险金的。

保险事故的鉴定人、评估人、证明人故意提供虚假的证明文件，为投保人、被保险人或者受益人进行保险诈骗提供条件的，依照前款规定给予处罚。

第一百七十五条 违反本法规定，给他人造成损害的，依法承担民事责任。

第一百七十六条 拒绝、阻碍保险监督管理机构及其工作人员依法行使监督检查、调查职权，未使用暴力、威胁方法的，依法给予治安管理处罚。

第一百七十七条 违反法律、行政法规的规定，情节严重的，国务院保险监督管理机构可以禁止有关责任人员一定期限直至终身进入保险业。

第一百七十八条 保险监督管理机构从事监督管理工作的人员有下列情形之一的，依法给予处分：

（一）违反规定批准机构的设立的；

（二）违反规定进行保险条款、保险费率审批的；

（三）违反规定进行现场检查的；

（四）违反规定查询账户或者冻结资金的；

（五）泄露其知悉的有关单位和个人的商业秘密的；

（六）违反规定实施行政处罚的；

（七）滥用职权、玩忽职守的其他行为。

第一百七十九条 违反本法规定，构成犯罪的，依法追究刑事责任。

第八章 附则

第一百八十条 保险公司应当加入保险行业协会。保险代理人、保险经纪人、保险公估机构可以加入保险行业协会。

保险行业协会是保险业的自律性组织，是社会团体法人。

第一百八十一条 保险公司以外的其他依法设立的保险组织经营的商业保险业务，适用本法。

第一百八十二条 海上保险适用《中华人民共和国海商法》的有关规定；《中华人民共和国海商法》未规定的，适用本法的有关规定。

第一百八十三条 中外合资保险公司、外资独资保险公司、外国保险公司分公司适用本法规定；法律、行政法规另有规定的，适用其规定。

第一百八十四条 国家支持发展为农业生产服务的保险事业。农业保险由法律、行政法规另行规定。

强制保险，法律、行政法规另有规定的，适用其规定。

第一百八十五条 本法自2009年10月1日起施行。